Éditions RAISONS D'AGIR
27, rue Jacob, 75006 Paris

www.raisonsdagir-editions.org
editions@raisonsdagir-editions.org

FRÉDÉRIC LORDON

Jusqu'à quand ?

Pour en finir avec les crises financières

RAISONS D'AGIR ÉDITIONS

« This was not the way the 'ownership society'
was supposed to work… »

New York Times, 14 juillet 2008

« Puisque toutes choses ont été faites, elles peuvent être défaites, à condition qu'on sache comment elles ont été faites. »

Michel Foucault

AVANT-PROPOS

Le manuscrit de cet ouvrage a été arrêté fin août 2008. Ses épreuves sont relues le 22 septembre. Entre-temps survient une « décade prodigieuse » – du 10 au 20 septembre 2008 – qui a de quoi changer la face du monde néolibéral.

Dépassé avant même parution ? Ce serait le cas si ce livre avait eu la visée d'une chronique de crise. Pour le coup, il en aurait loupé un gros bout ! Et, même repris à la hâte, se serait condamné à la fatalité de l'obsolescence – ou bien au chantier d'une écriture sans fin, car, en cet automne 2008, la décomposition financière prend un cours torrentiel qui rend parfaitement caduc le commentaire en temps réel dans l'instant où il est produit.

Mais la perspective de ce livre n'est pas celle-là. Les événements auxquels il est fait référence n'y sont pas mobilisés au titre de la consignation des faits mais comme support d'une analyse – au demeurant, le livre serait très incomplet même si l'horloge s'était arrêtée fin août 2008, et c'est à dessein qu'il a laissé de côté bon nombre d'événements croustillants qu'un historien de la période ne manquera pas d'enregistrer.

Aussi, que la « facture » du sauvetage de Fannie Mae et Freddie Mac soit montée à 200 milliards de dollars alors qu'elle n'était « que » de 25 milliards au moment où le livre était achevé, qu'il faille rajouter Lehman Brothers, Merrill Lynch et AIG à la liste, décidément interminable, des faillis ou des grands brûlés, qu'il n'y ait plus de banques d'affaire aux États-Unis (!), qu'une structure de cantonnement géante destinée à purger d'un coup le système financier constitue une délicieuse irruption de socialisme seule à même de sauver le capitalisme étasunien du désastre, tout cela, qui est considérable en soi, et même inouï, n'altère pas, au contraire, la thèse que la première année de crise suffisait largement à étayer : l'analyse des nuisances intrinsèques de la finance libéralisée appelle son impérative mise au pas, c'est-à-dire une réaction politique de première grandeur.

En définitive le cours stupéfiant pris par la crise depuis le 12 septembre 2008 ne change fondamentalement qu'une chose – mais importante : il a littéralement pulvérisé toutes les stratégies du « fil de l'eau » qui pensaient s'en tirer avec quelques bonnes paroles – le cas échéant on irait jusqu'aux martiales déclarations –, un ersatz de « régulation » à base de transparence et de vertu, et les effets de l'oubli pour, une fois le choc amorti, laisser les affaires reprendre gentiment leur cours sans avoir rien changé de significatif. Cette disposition d'esprit qui prévalait encore à la fin de l'été 2008 a été anéantie. Nul ne peut plus feindre d'ignorer que ce sont les structures mêmes des marchés de capitaux libéralisés qui sont en question, et que les laisser à l'identique vaut *ipso facto* renouvellement de l'abonnement « crise et krach ». Arraisonner la finance n'est plus une option.

Paris, 22 septembre 2008

INTRODUCTION

Comme les ouragans, les crises financières ont un petit nom. À ceci près qu'il ne peut être connu par avance et n'est révélé qu'au milieu des événements. Quand frappent les premières rafales et que les toits s'envolent, personne n'a l'idée de se demander s'il est plus judicieux que le cyclone s'appelle Katrina plutôt que Lucienne ou Isidore. Tel n'est pas le cas en matière de crises financières où, pour filer la métaphore météorologique, tout le monde sait que la foudre va tomber… mais ignore qui elle va frapper. Le nom de la crise ne sera connu qu'avec celui du grand foudroyé. Ainsi, la crise financière internationale de 1998 se nomme LTCM. En 2001, l'éclatement de la bulle « nouvelle économie » s'appelle Enron. De ce point de vue, il faut sans doute voir un indice de la gravité de la crise financière de 2007-2008… dans la bousculade des prétendants aux « honneurs » de l'éponymie : si l'histoire, qui sait faire le tri des images frappantes, retient celle du billet de 2 dollars collé sur la porte de la banque, comme symbole du vil prix auquel elle a été rachetée par JP Morgan[1], la crise aura pour nom Bear Stearns. Mais si elle retient celle des files d'épargnants serpentant dans la rue, elle s'appellera Northern Rock. À ce compte-là, Indymac, la troisième faillite de l'histoire bancaire étasunienne, est sur les rangs également. Par la taille, c'est pourtant le binôme géant Fannie Mae-Freddie Mac qui tient la corde. Quatre noms, quatre moments de suspension du système financier mondial au bord du gouffre. Pas d'erreur : les années 2007-2008 sont appelées à figurer très haut dans l'histoire de la déraison financière.

LES FAUSSES PROMESSES DES MARCHÉS FINANCIERS

Il y a plus spectaculaire que les événements eux-mêmes : l'étonnement de ceux qui les commentent. Évidemment, la plupart ont communié depuis deux décennies sans la moindre restriction dans le credo des marchés déréglementés. Et sans le moindre effet d'apprentissage non plus. Car les crises, infirmations pratiques et répétées de la prétention des marchés financiers, n'ont pas manqué ! Depuis que la déréglementation est sur les rails, il aura été impossible de passer en moyenne plus de deux ans et demi sans passer par une secousse majeure : 1987, krach de Wall Street ; 1990, crise immobilière et des *Savings & Loans* (les caisses d'épargne étasuniennes) ; 1992, première crise du SME, certes monétaire, et non financière *stricto sensu*, mais crise tout de même des marchés de capitaux déréglementés ; 1993, deuxième crise du SME ; 1994, krach obligataire étasunien ; 1997, première crise financière internationale (Thaïlande, Corée, Hong Kong) ; 1998, deuxième crise financière internationale (Russie, Brésil) ; 2000-2002, éclatement de la bulle Internet ; 2007-2008 enfin… Est-il possible de ne pas voir que ces épisodes forment une *série*? Mais la « théorie » n'en démord pas : les marchés financiers sont indispensables à l'économie. Au fait, quels supposés services lui rendent-ils ? C'est le genre de question qu'adore la « théorie » car elle se sait sûre de ses réponses tout armées et prêtes à l'emploi : « les marchés réalisent l'allocation optimale du capital et la meilleure gestion du risque ». Manque de chance, les deux dernières crises en date ruinent méthodiquement ces deux prétentions.

Allocation *optimale* du capital ? C'est beaucoup dire quand on se souvient des aberrations de la bulle Internet et de la ruée des investisseurs pour ensevelir sous les capitaux des entreprises sans profit, sans clients ni chiffre d'affaires.

Mais c'était la *nouvelle* économie, tellement plus émoustillante que l'ancienne. Moyennant quoi, des entreprises ayant eu le mauvais goût de ne pas avoir un nom avec des « zz » ou des « oo », et de faire du ciment plutôt que des sites de rencontres en ligne, se sont retrouvées ignorées des investisseurs, leurs cours de Bourse malmenés, et déclarées bonnes pour les poubelles de l'histoire. On connaît la suite : la mortalité a été effrayante parmi les start-up dont beaucoup ont confirmé ce qui était visible dès le départ, à savoir que si elles avaient la mode de leur côté, l'écrasante majorité d'entre elles n'avaient en revanche aucun avenir. La bulle Internet restera donc comme l'un des cas les plus spectaculaires d'allocation aberrante du capital, massivement dirigé vers des rêves de singe voués à partir en fumée, et détourné d'autres entreprises qui n'avaient pas d'autre démérite que d'être délaissées par l'engouement volatil du moment. De cette époque héroïque restera également le souvenir d'un délire des fusions-acquisitions, porté à un degré tel que l'important était de fusionner et peu importe avec qui ou pour faire quoi[2]. Ne pas fusionner était un « manque d'audace » ou de « vision » sévèrement sanctionné en Bourse, de sorte qu'aux mégalomanes conduits par la folie des grandeurs et répondant avec joie aux injonctions de l'époque, se sont mêlés quelques autres poussés à la fusion contre leur gré et bien obligés de céder aux vociférations des « alloueurs optimaux de capital ». Que « le marché » n'a-t-il pas réclamé à l'époque – et surtout que n'a-t-il pas obtenu : des fusions qui compteront parmi les plus grands échecs industriels et financiers des dernières décennies – mais personne pour hurler à l'incurie du secteur privé comme on hurle à celle de l'État, alors même que leurs gaspillages de capitaux sont sans commune mesure.

Si l'« allocation optimale des capitaux » est une qualité plus qu'incertaine des marchés, que dire de leur aptitude à la « gestion du risque » ? Il est à craindre que cette prétention-là ne résiste pas davantage à l'examen, mais cette fois du fait de la présente crise des subprimes. Car la finance titrisée, qui a d'emblée indiqué les critères au regard desquels elle entendait être jugée, s'est depuis le début targuée de ses propriétés supérieures en la matière : fractionner et différencier les risques, les faire circuler jusque dans les mains des plus aptes à les porter, telle a été la promesse des dérivés de crédit… dont il est maintenant avéré qu'ils auront fait croître le risque global dans des proportions hors de tout contrôle, rendu totalement opaque sa distribution et occasionné une crise de défiance sans précédent dans l'univers bancaire. Qu'on ne se fasse pas d'illusion pour autant : comme il s'en trouve à foison pour soutenir l'« optimalité d'allocation » après la bulle Internet – et d'ailleurs tant d'autres avatars passés –, il y en aura autant, sans doute les mêmes, pour continuer de jurer après la crise des subprimes qu'on ne fait pas mieux que la finance structurée*[3] pour la « maîtrise du risque », et qu'il ne s'agissait que d'un accident de parcours.

SOUS LA VARIÉTÉ DES CRISES, L'INVARIANCE DE LA FINANCE LIBÉRALISÉE

Accorder, comme les moins bornés finissent par s'y rendre, la portée historique de l'événement – même le *Financial Times* concède qu'il s'agit de la plus grave crise financière à l'Ouest depuis près de quatre-vingts ans – n'en donne pas pour autant le sens. À la vérité, celui-ci n'est pas aisé à cerner. C'est peut-être d'ailleurs l'une des particularités de cette crise qu'elle ne se laisse pas enfermer simplement dans une caractérisation unique, mais qu'elle revêt simultanément des

* Les astérisques renvoient au glossaire page 213.

significations multiples et en apparence contradictoires. C'est pourquoi on peut dire d'elle, et sans céder au goût du paradoxe, qu'elle est tout à la fois *spécifique* et... *générique* – plus tard, et pour faire bonne mesure, on ajoutera même qu'elle est au surplus *singulière*, ces trois propriétés, de prime abord incompatibles, cohabitant pourtant fort bien dans ce même événement.

Spécifique car le premier mouvement de l'entendement est bien de voir en l'épisode subprimes une « nouvelle crise », non pas seulement au sens d'« une crise de plus », mais d'une crise d'un « type » nouveau. Le public – et pas seulement lui – voit d'un coup débarquer un paquet de notions dont il n'avait pas la moindre idée, « subprimes » en tête évidemment, mais suivi de « titrisation* », « CDO* », « ABS* », « *monolines** », « CDS* », et il est difficilement évitable que cette avalanche de choses « nouvelles » fasse dire de la crise qu'elle l'est également. On dit aussi, et à juste titre, qu'elle est une « crise du crédit ». Pourtant, ce n'est pas la première fois que les aventures spéculatives des banques finissent en *credit crunch**: qu'on pense au précédent de 1990 qui avait vu le naufrage des caisses d'épargne étasuniennes, et déjà il s'agissait d'effondrement immobilier. Mais c'est la première fois qu'on assiste, qui plus est à cette échelle, à la crise de ce que l'on nomme les « marchés de gros du crédit », c'est-à-dire ces marchés où s'échangent les titres de dettes qu'émettent en masse les banques pour leur refinancement et dont elles sont de plus en plus dépendantes. Dans la panoplie des acronymes bizarres, la grande majorité désigne ce genre de titres, produits dits « dérivés de crédit », structurés* pour « recycler » d'anciens crédits bancaires et en permettre de nouveaux, et dont l'effondrement a logiquement mis en panne la capacité des banques à prêter. Par les compartiments de marché et les classes d'actifs qu'elle concerne, oui cette crise a des spécificités qui la différencient immédiatement des précédentes.

Spécifique donc, et pourtant *générique* tout autant ! Car, dans la finance de marché, les variations de surface ne sont que les expressions diversifiées d'une même structure profonde. À en rester à la seule diversité des manifestations financières, évidemment, le risque est grand de ne voir que des *cas*, là où il n'y a en fait que des *déclinaisons*. Cependant, comme si la finance devenait paresseuse et voulait moins se donner la peine de brouiller les pistes, la voilà qui se met à laisser traîner profusion d'indices conduisant même un observateur peu perspicace à rapprocher des crises bien faites *a priori* pour paraître d'abord totalement étrangères l'une à l'autre. Les crises *dotcom* 2000-2002 et subprimes 2007-2008 avaient normalement tout pour figurer deux épisodes sans rapport aucun. Que peut-il y avoir de commun entre une crise de valorisation d'une certaine catégorie d'*actions*, donc liée à des anticipations de profits d'entreprise, et une crise d'évaluation des risques portant sur des *produits dérivés de crédit* ? Rien, semble-t-il *a priori*. C'est bien pourquoi leur parallélisme formel n'en est que plus frappant – et plus révélateur d'une profonde unité.

Le miracle du « nouveau paradigme ». Dotcom et subprimes, l'une comme l'autre, sont l'illustration de ce fantasme permanent de la finance à la recherche du miracle qui permettra de gagner plus en risquant moins. Comme si elle ne parvenait pas à prendre son parti de l'idée, qui lui est pourtant consubstantielle, que le gain financier ne va pas sans risque – et même que le gain financier *est* la rémunération du risque, par conséquent que rentabilité et risque sont voués à croître de concert –, la finance ressuscite à intervalles réguliers le rêve de vaincre sa pesanteur à elle : gagner plus à risque constant, ou risquer moins à rentabilité égale. Le miracle, qui réclame sa dose de croyance, ne va pas sans son appareil de prophéties, et celles-ci se ramènent à une seule : « le monde a changé ». « Innovation » est le nom présentable de la chimère. Quand elle est inspirée, la finance a même ses fulgurances; alors elle dit: « changement de paradigme ». Des start-up, lancées par quelques étudiants autour de trois tables Ikea, valent des millions, parfois des milliards: en effet, il faut au moins un « nouveau paradigme » pour rendre possible ce genre d'événement aberrant… « Les gens croyaient vraiment que le monde était différent », dit Larry Fink[4] du fonds BlackRock. Mais ces propos datent de 2008 et ils parlent de la titrisation. Ainsi, la croyance *dotcom* et la croyance subprimes se seront donné exactement les mêmes mots. Comme les uns avaient cru repousser les frontières du profit entrepreneurial, les autres ont cru à la solution définitive du risque de crédit* – et le discours du dégrisement est le même.

La bénédiction des agences. Dans les deux cas, c'est peu dire que les agences de notation ont encouragé l'ébriété générale. De même qu'elles avaient validé les valorisations boursières délirantes des start-up, elles ont certifié la parfaite sûreté des produits de la titrisation – ne faisant rien d'autre que rejoindre le grand courant de la croyance, là où elles étaient supposées garder la tête froide. Il fallait que des institutions supposées extérieures à la frénésie du marché apportent leur jugement et leur autorité pour consolider la croyance: les agences s'en sont chargées, et elles figureront en bonne place parmi les contributeurs aux fausses prophéties du « nouveau paradigme », *dotcom* et subprimes aussi bien. À qui voudrait persister à tenir ces deux crises pour totalement hétérogènes, la similarité des termes dans lesquels sont mises en cause les agences de notation à cinq ans d'intervalle devrait donc suggérer quelques petites « connexions »… pour ne rien dire de la profonde incapacité de la communauté financière à l'apprentissage dont elle témoigne.

La prolifération des « hors-bilans ». Mais que dire alors du bégaiement des protestations faussement scandalisées – elles sont tenues par ceux qui ont été les plus fervents partisans du jeu… avant qu'il ne se retourne – s'indignant de la prolifération des structures juridico-financières opaques et hors de tout contrôle? On dénonce les bien nommés SPV*, *Special Purpose Vehicles* (Véhicules à finalité spéciale), où Enron avait abrité ses activités les plus douteuses jusqu'en 2001. Mais ce sont les mêmes coquilles *offshore* qui ont été les supports de la titrisation massive des crédits subprimes jusqu'en 2007. À six ans de distance, la dénonciation des structures dites hors-bilan est resservie à l'identique. Et, d'une crise à l'autre, ce sont les mêmes mots qui nourrissent les mêmes exhortations impuissantes – et trop contentes de l'être.

Les appels à la vertu. Enfin, le comble du ridicule et de l'écholalie est atteint au moment où les « moralisateurs » font leur grandiloquente entrée en scène. Ce sont la vertu et l'éthique, expliquent-ils, qui ont manqué. On dénonce les inconduites et les crapules, on en appelle avec emphase à l'« esprit du capitalisme ». Ici Kenneth Lay (le PDG d'Enron), là Jérôme Kerviel, deux paratonnerres idéaux sur lesquels précipiter la vindicte et organiser la diversion. Car évidemment, tant qu'on parle des « fraudeurs » on ne parle pas d'autre chose – en particulier pas de la logique générale du système qui a vu les plus grosses pertes réalisées en toute conformité avec les pratiques habituelles légales. Aux noms propres près, les discours « éthiques » tenus en 2000 et 2007 sont eux aussi parfaitement superposables – et identiquement ineptes.

Une seule solution : l'autorégulation! Pendant ce temps-là, les hommes du sérail comprennent très rapidement que le spectacle non seulement de l'aberration financière exposée au grand jour, mais aussi des dégâts collatéraux qu'elle ne manque pas d'occasionner dans l'économie réelle, est de nature à susciter quelque agitation politique, peut-être même des velléités d'action régulatrice. Or l'État n'est bon qu'à sauver les menus ratages de la splendide finance privée : que le Trésor public ait la sagesse de contribuer à réparer quelques « incidents isolés » et, pour le reste, qu'il se taise. Et comme tout de même il faut bien lâcher un peu de lest, la finance se fend généreusement de quelques oblats verbaux et annonce avec magnanimité qu'elle va se charger elle-même de réexaminer ses pratiques – comprendre : « nous ne laisserons pas la loi se mêler de nos affaires ! » Le 10 avril 2008, l'Institute of International Finance, qui représente 375 des plus grandes compagnies financières, pose publiquement un acte de contrition pour la crise des subprimes, mais dont le sens véritable n'est révélé qu'avec ses propositions finales : « nous voulons prouver que nous, l'industrie financière, pouvons faire du meilleur travail[5] », et de préciser pour les malentendants : « il serait complètement erroné que les autorités imposent plus de régulations à l'industrie financière. » En parfait état, tiré une nouvelle fois du placard où il est chaque fois remisé après usage *ad hoc*, le discours du « code de bonne conduite » n'a pas pris une ride : tel qu'il était en 2000, il est resservi en 2007. Les professionnels de la finance s'engagent à l'élaborer avec le plus grand sérieux... et surtout à n'en rien faire dès que l'orage sera passé, avec cet avantage épatant que l'abstention de l'action permet de renouveler dans toute sa solennité l'engagement à chaque nouvelle occasion ! Certes, la condition d'efficacité de la manœuvre réclame qu'il ne se trouve personne pour faire remarquer que les mêmes, la dernière fois déjà... Mais comme elle a d'assez bonnes chances d'être remplie, la finance-promettant-de-s'autoréguler-dès-que-possible aurait tort de se gêner. Pour l'avenir toutefois, on suggérera d'éviter les maladresses les plus flagrantes et les castings à problème : en 2002, après l'éclatement spectaculaire de la bulle Internet, et désireux d'éviter toute réaction politique, le Medef s'était précipité pour faire rédiger dans l'urgence un rapport dénonçant par avance le caractère inapproprié de la régulation externe, à laquelle, comme il se doit, l'autorégulation doit être préférée. Le rapporteur de l'époque s'appelait Daniel Bouton, président d'une certaine banque qui s'illustrera cinq ans plus tard pour la qualité de son « autorégulation ».

LE DÉNI RÉVISIONNISTE

Quand le bégaiement de la finance libéralisée est à ce point bruyant, la compulsion de répétition à ce point visible, et que reviennent sans cesse, sous des formes à peine modifiées, les mêmes catastrophes de l'instabilité et de l'incurie financières réunies, il ne reste plus aux amis des marchés que les arguments du quiétisme philosophique, puis celui de l'histoire longue, bref le registre de la sagesse – mais surtout à l'usage des autres. Avec le fatalisme équanime et distingué de ceux qui n'ont jamais eu à souffrir de la fatalité, *The Economist* décline le registre du « c'est ainsi » : « la crise est le prix de l'innovation[6] », « les financiers ont découvert qu'ils avaient créé des risques qu'ils sont incapables de maîtriser. Ce n'est pas une raison pour condamner globalement le système : il est bien trop utile[7] », et tout cela dit avec un impeccable flegme – en fait celui de qui n'a jamais eu à payer les pots cassés. « Comme le reconnaît M. Paulson, une meilleure régulation ne nous évitera pas une explosion tous les cinq ou dix ans. À ce moment se feront de nouveau entendre des clameurs de changement[8] » – il faut donc que les victimes du *credit crunch*, entreprises conduites au dépôt de bilan faute de renouvellement de leurs crédits et salariés laissés sur le carreau, apprennent un peu à devenir philosophes et à enfin acquiescer au cycle des saisons financières, qu'on ne changera pas davantage que celui des révolutions cosmiques. Dans sa profonde sagesse *The Economist* fait preuve d'indulgence par anticipation : il y aura inévitablement « des clameurs », mais n'est-ce pas le prix – bénin – à payer de s'adresser à la foule immature et braillarde ?

Il y a peut-être pire que la morgue des satisfaits : leur révisionnisme historique. *The Economist*, encore lui, invite à peser les conséquences d'un geste régulateur inconsidéré à l'aune de l'histoire : on ne saurait aller « contre cinq siècles de *booms* et d'effondrements financiers[9] » ; oui, « un système financier sophistiqué et innovant est susceptible de crises destructrices, mais un système étroitement régulé condamne l'économie à la croissance lente[10] ». On passera sur le barbarisme historiographique qui consiste à faire croire que nous vivrions dans le « capitalisme financiarisé » depuis cinq siècles – même s'il y a sans doute quelque chose de vrai dans la référence lointaine : à défaut d'avoir jamais pris le degré d'organisation en *système* financier qui est le leur actuellement, les mécanismes spéculatifs ont fait connaître de longue date leurs nuisances. Il y aurait donc une lecture exactement inverse à faire de cette histoire longue, non pas la lecture fataliste du « c'est ainsi », mais la lecture avertie, et en fait simplement conséquente, consistant à ne pas vouloir laisser se réinstaller, qui plus est à une échelle élargie, des mécanismes dont la désastreuse instabilité a été si souvent avérée. Pour qui n'aurait pas été affligé des œillères de la théorie dominante, il aurait été facile de relire des auteurs – Keynes, Kindleberger[11] ou Minsky – dont la lucidité analytique, instruite des débâcles du tournant du XXe siècle, a montré de quelles catastrophes la finance de marché était capable, et surtout quels en étaient les mécanismes les plus généraux, transportés à l'identique dans le temps. La déréglementation financière du milieu des années 1980 restera au total comme un cas d'école de l'ignorance crasse des enseignements de l'histoire et de la théorie économique la plus éclairée. Du jour où elle a été lancée, et sans nul besoin d'avoir à se figurer les futures trouvailles de l'« innovation financière », un observateur qui n'aurait pas été complètement intoxiqué par la doctrine « de l'efficience et de l'autorégulation des marchés » aurait pu génériquement annoncer les désastres à venir. Est-il fortuit qu'à peine vieille de deux ans, la déréglementation nous ait fait renouer en 1987 avec un « octobre noir » de Wall Street, pareil à celui de 1929 et ressorti tel quel des congélateurs de l'histoire ou, plus fort encore, que la crise des subprimes nous gratifie avec Northern Rock d'une panique bancaire que le Royaume-Uni n'avait pas connue depuis... 1866 ?! Il n'y a hélas rien de nouveau sous le soleil des marchés libéralisés – pas même l'amnésie de ceux qui en toute inconscience leur rouvrent la porte à intervalles réguliers.

Mais dans l'histoire revue et corrigée par *The Economist*, l'alternative de la « sophistication performante » et de la « régulation à croissance faible » ne laisse pas moins rêveur. L'hebdomadaire libéral a visiblement oublié que la déréglementation financière aura été corrélée dans bon nombre de pays industrialisés avec une croissance très médiocre. En tout cas beaucoup plus faible que celle des années 1945-1975, réalisée dans une configuration du capitalisme qui avait eu la prudence de laisser la finance enfermée à double tour ! On attend toujours du système « sophistiqué » la croissance à 5 % et le plein-emploi du système régulé et « archaïque ». Ceux qui ne peuvent recevoir ce genre de référence sans y voir aussitôt le projet passéiste d'un retour à l'« âge d'or » sont incapables de comprendre qu'on puisse en faire un usage simplement *logique* – mais fatal. Car il suffit d'*un seul* contre-exemple pour détruire une généralité. On comprend mieux qu'ils veuillent tant chasser la période du contre-exemple fordien de leur souvenir puisqu'elle est une de ces taches indélébiles de l'histoire qui ruinent sans appel la proposition générale du capitalisme financiarisé comme forme universelle et universellement supérieure de l'organisation économique. Le déni révisionniste est alors tout ce qui leur reste, à l'image d'un Alan Greenspan[12] qui n'hésite pas à soutenir que « la régulation, la supposée solution à la crise d'aujourd'hui, n'a jamais été capable d'éliminer les crises de l'histoire[13] ». Alan Greenspan sait-il que la régulation est précisément ce qui nous a permis de traverser les années 1945-1985 *sans une seule crise financière*? Ou feint-il seulement de l'oublier? Pareil à *The Economist* qui ne veut pas laisser offenser la beauté de son tableau historique, le voilà rendu à escamoter purement et simplement les périodes qui n'ont pas le bon goût de confirmer la thèse posée dès le départ – un peu à la manière dont, jadis, le stalinisme effaçait des photos officielles les « camarades » encombrants.

POURQUOI ET JUSQU'À QUAND ?

N'est-il pas pourtant grand temps de se décider à mettre un terme à l'éternel retour de la crise financière? Si « les choses peuvent être défaites à condition qu'on sache comment elles ont été faites », il n'y a guère d'autre solution que d'abandonner les évocations grandioses et fallacieuses de « l'histoire » pour ouvrir la boîte noire de la finance. C'est une chose en effet que de constater l'éternel retour de la crise financière, de percevoir l'invariance de ses formes sous la diversité de ses contenus, c'en est une autre d'identifier ses mécanismes fondamentaux et les forces qui le réengendrent continûment. Un paradoxe s'ajoutant à l'autre, il serait presque tentant de se laisser guider par les amis de la finance dont certains, visiblement à leur corps défendant, font état d'un sens du jugement d'une très grande sûreté, mais négativement, c'est-à-dire dans l'erreur. En d'autres termes, pour identifier sans se tromper ce qui est essentiellement vicié dans la finance de marché, il suffit de lire ce qui est le plus célébré par ses idéologues. Éric Le Boucher, chroniqueur au journal *Le Monde*: « L'hyper-finance est à la fois fondamentalement bonne et fondamentalement mauvaise [...]. Fondamentalement bonne, [elle] l'est parce qu'elle est fondée sur la compétition et sur l'innovation [...]. Fondamentalement mauvaise, elle l'est parce qu'elle repose sur le mimétisme et l'aventurisme[14]. » Comme souvent, la dialectique sonne le temps des compromis, c'est-à-dire des révisions déchirantes, ou plutôt des révisions déniées, mises en phrases autocontradictoires. En application du principe de lecture inversée, il faut reconnaître à Éric Le Boucher de pointer avec une parfaite sûreté le cœur de l'instabilité financière : la concurrence et l'innovation ! Caractéristique de la pensée sens dessus dessous, les raisons du « fondamentalement bon » sont en fait celles du « fondamentalement mauvais », et les mots lâchés au titre du « fondamentalement mauvais » sont de parfaites illustrations de ceux qui parlent du « fondamentalement bon »... lequel révèle du coup sa nature fondamentalement mauvaise : le mimétisme est le produit direct de la concurrence, et l'aventurisme celui de l'innovation financière. Il s'en déduit trois thèses pour remettre sur ses pieds ce qui marchait sur la tête.

Thèse 1 : La concurrence (alliée à la cupidité) est la force par excellence de l'aveuglement au risque et de l'emballement collectif. Le propre de la finance de marché dans la configuration présente de ses structures est que toutes les incitations y sont vicieuses ! Lâchés dans un univers qui offre des opportunités de profit sans équivalent avec le reste de l'économie réelle, et soumis à une concurrence intense qui les pousse à ce que ces profits très hauts le soient toujours davantage, les opérateurs de la finance, banques et investisseurs, sont magnétisés par l'idée du rendement au point d'en oublier son corrélat : le risque. Comme dans le secteur des médias, le secteur de la finance montre assez, contrairement aux idées reçues de l'idéologie compétitive, combien la concurrence tend à produire de l'homogène et non de la diversité. Si quelque part s'amorce une dynamique de profitabilité spéculative – un jour les actions *dotcom*, le lendemain les dérivés de crédit –, la concurrence, qui exige de ne pas se laisser distancer, pousse irrésistiblement les opérateurs à la rejoindre. Avec la puissante propriété de se donner raison à eux-mêmes puisque l'afflux d'investisseurs, donc de liquidités*, dans ces marchés en fait monter les prix, donc les plus-values, donc les profits – et chacun de conclure « rationnellement » que le nouveau lieu du rendement a été correctement identifié. Le mécanisme d'autoconfirmation est même plus puissant encore, puisque la dynamique du prix des actifs nourrie par les forces de la concurrence mimétique s'établit pour un temps dans un régime de croissance intense et stable – et le risque semble en effet s'évanouir ! L'acharnement à poursuivre le rendement sans réserve s'en trouve décuplé. Et décuplée également l'accumulation silencieuse de risques, évidemment voués tôt ou tard à faire retour, mais sur le mode le moins contrôlé de la panique. Tous les mécanismes concurrentiels, à tous les étages de la structure financière, soutiennent ces ralliements aveugles et convainquent jusqu'aux opérateurs les plus « conservateurs » d'abandonner leurs anciennes prudences pour rejoindre l'euphorie générale.

Thèse 2: L'« innovation » soutient le déni imaginaire des risques… et leur accumulation réelle. La titrisation a ainsi convaincu la communauté financière qu'elle avait enfin trouvé la martingale ultime en matière de risques de crédit. Telle est d'ailleurs la promesse générique des produits dérivés : tout peut être couvert, il n'est pas de risque pour lequel n'existe un produit spécifique permettant de s'en défaire ou de s'en protéger. Enhardis par cette assurance fallacieuse, qui n'a pour garantie que les propriétés magiques du mot « innovation », les opérateurs ont alors consenti à porter des volumes de risque parfaitement déraisonnables et dont ils n'avaient en fait aucune maîtrise.

Thèse 3: La mesure du risque ex ante *est impossible.* Pour toute la sophistication que lui prête une mythologie sociale savamment entretenue, à base de salles de marchés pareilles à des centres de contrôle de la NASA, de modèles mathématiques et d'analystes surdiplômés, la finance n'a strictement rien vu venir de la crise. Cette incapacité n'est pas une imperfection transitoire qui serait vouée à se résorber du fait des progrès de la science financière. C'est une carence essentielle, ontologique, qui tient à l'indétermination profonde des mouvements collectifs sur les marchés en phases critiques et à l'incertitude *radicale* – non probabilisable, c'est-à-dire insusceptible d'être appréhendée par les modèles probabilistes – qui en résulte. Cet état de fait indique l'insurmontable limite sur laquelle butent, et buteront toujours, les procédés actuels de la supervision financière. Ceux-ci en effet reposent entièrement sur l'hypothèse – fausse – qu'une mesure du risque *ex ante* et complète, c'est-à-dire résistante à un déclenchement de crise, est possible. Or elle ne l'est pas. C'est pourquoi les modèles de risques, qui peuvent être fiables quand les marchés fonctionnent «normalement», sont irrémédiablement dépassés au voisinage des points critiques et, non seulement incapables d'indiquer leur localisation, ils le sont plus encore de prévoir ce qui suit de leur franchissement.

Du renversement de cette hypothèse de la contrôlabilité *ex ante* des risques financiers résulte, on s'en doute, une vision du problème de la régulation prudentielle radicalement altérée. Car, dans son schéma actuel, celle-ci laisse les banques s'exposer en pensant que les conséquences de l'exposition sont correctement évaluées. S'il n'en est rien, si cette évaluation n'est pas robuste à un changement de régime des marchés, comme celui qui survient quand la hausse est brutalement interrompue et que le marché se retourne, alors les marges des banques, et pas seulement les leurs, en matière d'exposition doivent être considérablement restreintes, et cela d'autant plus que aussi bien les forces de la concurrence que les fantasmes entretenus par « l'innovation » ne cessent de pousser à des prises de risque toujours plus importantes. Est-il possible de donner forme plus concrète à ce principe général ? Oui, pourvu qu'on ait d'abord fait l'analyse des mécanismes détaillés que la crise présente a au moins eu pour avantage d'avoir généreusement mis à nu, et qu'on sache alors exactement où poser les verrous. Contrairement à ce que répète le fatalisme intéressé des défenseurs de la finance libéralisée, ceux-ci existent. Il suffit de les pousser.

AVERTISSEMENT

La finance a une langue. Et ce n'est pas celle de Molière. Contrairement à ce qu'on pourrait croire, ce n'est pas celle de Shakespeare non plus... C'est une novlangue sans lieu – si ce n'est celui des techniques de la rentabilité. Autant le dire dès maintenant, elle n'est pas spécialement belle. Mais, dira-t-on, toute langue est susceptible de traduction, celle-ci y compris. C'est exact, à ceci près que l'espèce d'anglais servant d'idiome à la finance s'est montré d'un dynamisme évolutionnaire qui l'a hybridé aux autres langues de manière inextricable – et parfois monstrueuse. « As-tu *pricé* ton *put*? » (« As-tu évalué le prix de ton option de vente ? ») est un échantillon ordinaire de la prose de salle de marché. Nul n'est tenu *a priori* de suivre les opérateurs à ce degré de dégénérescence de la langue. En revanche, il est vrai que bon nombre de notions et de produits financiers ont reçu des noms anglais dont l'usage est devenu tellement commun que la traduction obscurcirait ce qu'elle est censée rendre clair. N'ayant pas vocation à produire à elles seules un renversement de convention linguistique, les analyses qui suivent se sont donc passivement pliées au rapport des forces lexicales en l'état. Si en avertir dès maintenant pouvait désamorcer quelques haut-le-cœur…

Les aversions linguistiques sont pourtant la moindre des difficultés. Le discours confronté aux dérèglements de la finance est voué à en rencontrer de plus grandes, analytiques, face auxquelles il n'a pas trente-six solutions. Soit il en reste aux cris d'indignation, entièrement justifiés mais peu productifs ; soit il ouvre la boîte noire. Au premier abord, cette alternative a tout d'un dilemme. Non pas que la boîte noire soit vouée à demeurer impénétrable, mais parce que la complexité technique de ses rouages semble rendre incommunicables les résultats de l'analyse – en tout cas en direction des non-initiés. Qu'elle l'ait pensé ou non, la finance prospère à l'abri de cet ésotérisme qui tient les profanes éloignés et détruit *ab initio* les conditions de possibilité d'un débat démocratique qui la prendrait pour objet. Par un terrible effet ciseau, le débat le plus nécessaire est donc aussi le plus improbable. C'est pourquoi tenter, si peu que ce soit, de dénouer cette contradiction est d'une urgence impérieuse, même si nul ne peut prétendre *a priori*, et le présent travail pas plus qu'un autre, y parvenir de manière entièrement satisfaisante. Au minimum en tout cas faut-il en prendre le temps, c'est-à-dire la place : celle de mettre à plat l'agencement des produits financiers et la mécanique des marchés où ils s'échangent. Il le faut d'autant plus qu'il est demandé à l'exposition non pas simplement d'aider à comprendre mais de préparer à agir. Mais comment articuler la moindre proposition tant soit peu élaborée sans une idée précise des ressorts fondamentaux générateurs de l'instabilité financière et des points névralgiques où frapper – sauf à demeurer dans le registre de la « grosse incantation » ?

Par une injustice politique classique que même le recul du temps parvient mal à réparer, la critique radicale est d'emblée préjugée illégitime quand bien même les événements ne cessent de lui donner raison. Surmonter cet obstacle exige de l'analyse critique qu'elle ne le cède en rien dans la technicité, alors même que ce registre menace de l'éloigner de ceux à qui elle voudrait s'adresser en priorité. Rappeler ces contraintes contradictoires et l'arbitrage délicat auquel elles ont conduit est peut-être le moyen d'obtenir quelque compréhension de la part des véritables destinataires de ce travail, exposés, sans doute plus qu'il ne l'aurait fallu, à d'inévitables difficultés de lecture. S'il vaut de prendre le temps – et la peine – du « détour », ce n'est pas, comme certains, pour noyer le poisson dans l'eau technique, mais par un usage de la technique qui prépare son propre dépassement, et n'est pas autre chose que le prix à payer pour mieux accéder à un discours politique.

1

Concurrence et cupidité : les ingrédients de l'aveuglement

L'époque indique le degré de caricature où elle est tombée à la rusticité des outils analytiques qui suffisent pour en saisir l'essence. Même une version particulièrement grossière du marxisme « passe » haut la main sur un capitalisme dont la violence exploiteuse ne se cache plus, où le président de la République est l'ami personnel des fortunés, où la presse est dans les mains des capitaux privés, où des chefs d'entreprise se succèdent au poste de ministre de l'Économie, etc. Quant à la finance, une citation latine tirée des pages roses d'un dictionnaire des collèges en atteint le cœur même sans coup férir : *auri sacra fames* – « exécrable faim de l'or ». La dénonciation de la quête aveugle de la richesse, ou de la « rapacité capitaliste », semblait tellement éculée qu'elle était entrée dans le registre de l'imagerie, c'est-à-dire du second degré, du folklore contestataire impropre à fournir des armes intellectuelles un peu tranchantes, et qu'on n'osait plus mobiliser de peur du ridicule. C'est un tort : l'époque ose à notre place – on peut même dire qu'elle ne se gêne pas ! Inutile de chercher en tous sens pour tenter de remonter à un principe premier qui serait un peu moins caricatural et un peu plus élégant, on ne trouvera pas. La force qui meut la finance, son unique ressort, c'est la cupidité. Si le schème cupide n'explique pas tout à lui seul, il éclaire cependant beaucoup, et son association avec d'autres est particulièrement productive : la cupidité est la tare congénitale de la finance de marché, mais la concurrence l'élève au carré. Et le duo qu'elles forment ensemble est carrément explosif.

HIGH YIELD : LA FORCE MOTRICE

Mais comment la finance s'y prend-elle pour parler de ses propres désirs ? Évidemment, elle ne peut pas dire « rapacité » ! Heureusement, la langue a suffisamment de ressources et de registres pour rendre présentable ce qui l'est moins au naturel. Le vocabulaire « technique » offre ici sa capacité de neutralisation euphémistique. *High yield* – haut rapport : voilà comment la finance parle de son idée fixe. Tirer plus, extraire davantage. On dira que c'est la loi ordinaire du capitalisme. C'est exact, mais la finance de marché présente une particularité qui la distingue de toutes les autres formes de « mise en valeur du capital » : les standards de profitabilité y sont sans commune mesure avec tout ce qui peut se rencontrer ailleurs. Les capitalistes de l'économie réelle savent pertinemment combien il leur est possible d'espérer en moyenne, et surtout combien il leur sera difficile de faire beaucoup mieux que cette moyenne. Bien sûr, un mouvement puissant comme celui du capitalisme actionnarial a eu pour effet de relever très significativement la rentabilité du capital pour les grandes entreprises[15]. Mais cela n'est rien comparé aux performances de profit dont la finance de marché est capable. Pour donner une idée des écarts de rendement qui séparent les activités selon qu'elles se situent « du côté de l'économie réelle » ou « du côté des marchés », il faut savoir que là où les entreprises du CAC40 peuvent dégager des taux de rentabilité des capitaux propres (ROE*, *Return On Equity*) de l'ordre de 15 à 20 % pour les plus profitables, la banque de détail de la Société Générale, par exemple, dégage un ROE de 23,6 % au dernier trimestre 2006, et sa banque de financement et d'investissement un ROE… de 43,8 %. Le même trimestre, le département *Securities Services* de JP Morgan dégage un ROE de 58 %… Ce ne sont là sans doute que des indications parcellaires, mais que n'infirme pas l'image plus générale de la profitabilité bancaire à l'époque des marchés déréglementés. L'industrie financière étasunienne, qui n'emploie que 5 % des effectifs et pèse 15 % dans le PIB marchand, n'en fait pas moins 40 % des profits totaux[16]...

Qui pourrait s'étonner qu'il y ait du monde et de la frénésie dans cette enclave de profitabilité absolument hors norme ? Par quel miracle de modération les banques se retiendraient-elles d'ajouter les 50 % de ROE des activités de marché aux 20-25 % de la banque commerciale ? « Il faudrait être fou pour ne pas gagner plus », voilà l'adage par excellence de la finance concurrentielle. La rentabilité financière est la forme la plus addictive du profit, elle est instantanée et explosive : le débouclage d'une position gagnante réalise dans l'instant une plus-value, parfois gigantesque, qu'une stratégie de levier* [voir encadré ci-dessous] convertit en une rentabilité financière plus impressionnante encore. L'activité de marché financier donne corps au fantasme capitaliste par excellence puisqu'elle réalise l'extraction du profit sans aucun effort de mise en valeur réelle du capital, et cela, qui plus est, dans des proportions sans commune mesure avec les niveaux de rendement que l'activité productive s'efforce péniblement d'atteindre. Il faut un entendement bizarrement fait pour imaginer qu'une telle « bénédiction » ne va pas être poursuivie avec acharnement. La finance de marché est devenue le pôle magnétique du capitalisme, un foyer dont la puissance d'attraction est irrésistible.

L'EFFET LEVIER

On appelle « effet levier » la démultiplication de rentabilité obtenue par le recours à l'endettement dans le financement des investissements.

Soit un actif (industriel ou spéculatif) de valeur 100 dégageant un profit de 10. Sa rentabilité *brute* est donc de 10 %. Elle est dite brute, car elle est indépendante du mode de

financement de l'actif et ne renvoie qu'à ses caractéristiques de profitabilité *intrinsèques.*
Supposons maintenant que cet actif de valeur 100 ait été financé par 20 d'apport en fonds propres et 80 d'endettement. La rentabilité *financière* va rapporter le profit final, non pas à la valeur nominale de l'actif (100) mais aux seuls fonds propres avancés par l'investisseur (20). Comme de la dette a été mobilisée, le profit final (net) tient compte des intérêts à verser – soit, si le taux d'intérêt est de 5 %, 4 (5 % de 80). Le profit net est donc 10 – 4 = 6. Et la rentabilité financière, qui est la rentabilité des capitaux propres (*Return On Equity*, ROE) : 6/20 = 30 %.
Pour un même actif, le levier fait donc passer d'une rentabilité brute de 10 % à une rentabilité des fonds propres de 30 % ! Il y a cependant une condition à cet heureux résultat : que la rentabilité brute de l'actif soit supérieure au taux d'intérêt. Dans le cas contraire, le levier, qui joue symétriquement, ne démultiplie plus des profits mais des pertes...

Contrairement à la théorie économique standard qui suppose que le désir d'objet s'atténue avec sa satisfaction, le désir du profit ne connaît pas la satiété, au contraire même : ses avancées sont aussitôt considérées par les agents comme autant de seuils sous lesquels on ne veut plus descendre ; la profitabilité financière donne mentalement à ses percées d'un jour le caractère d'acquis irréversibles, et transforme ses exceptions présentes en normes de demain. Il ne faut donc pas attendre que la force motrice de la rentabilité s'affadisse ou s'éteigne de ses succès : elle n'en sortira que déterminée à de plus grandes conquêtes. *High yield* est le nom donné à ce principe générique de l'élan indéfini. L'expression en est d'ailleurs inadéquate : il ne faut pas entendre « haut rendement » mais « *plus* haut rendement ». *High yield* est donc en fait l'appellation de ce processus permanent d'identification des nouvelles classes d'actif dont le rendement *supérieur* va faire la différence.

Le *high yield* tourne à l'obsession du fait de ses propres progrès, et à un point tel qu'il en oublie son corrélat négatif: le risque. La bulle, qui est en quelque sorte une exception dans l'exception – un moment exceptionnel de la profitabilité financière qui est elle-même exceptionnelle au regard de la profitabilité générale –, a ainsi pour effet de polariser les esprits sur un seul des termes du couple rendement-risque – le premier bien sûr – par lequel devrait normalement être appréciées les stratégies d'investissement. Le vertige de la profitabilité sans limites est alors si puissant qu'il obscurcit les esprits. Avec au surplus la propriété de sembler se donner raison à soi-même : car la bulle offre précisément une phase de croissance forte et stable de la rentabilité qui, à mesure qu'elle se développe, ancre plus profondément l'idée d'un « nouveau régime », dans lequel le problème du risque a été « dépassé ». Comme on sait, le verdict de stabilité, ou d'instabilité, est crucialement dépendant de l'échelle de temps sur laquelle est faite l'observation. Si celle-ci est limitée à la phase croissante de la bulle, alors oui – mais par construction et tautologiquement ! – la dynamique est stable. La véritable question, bien sûr, est celle d'un possible, et même probable, retournement. Mais, fascinée par les profits miraculeux du moment, l'opinion financière ne veut surtout pas voir au-delà de l'horizon temporel du miracle. L'idée obsessionnelle du *high yield* produit donc une distorsion systématique de la vision des couples rendement-risque, et cela d'autant plus que la bulle semble la justifier – créant d'ailleurs ainsi les conditions de sa propre prolongation.

TOXIQUE CONCURRENCE

Il ne faut pas compter sur les mécanismes collectifs ou institutionnels de la finance pour ramener à la raison l'euphorie cupide. Ce serait même l'exact contraire. La finance de marché a pour inquiétante propriété que toutes les incitations y sont vicieuses. Toutes les forces qui saisissent les agents les propulsent plus loin encore qu'ils n'iraient eux-mêmes, amplifient leur déraison et les entraînent pour le pire. Nulle part un mécanisme de rappel, nulle part une source de réaction contracyclique; la finance est l'univers du *rally*, c'est-à-dire de l'engouement collectif, de la ruée et de l'agglutination : tous dans le même sens. C'est pourquoi elle vit sous la fatalité des rendements croissants – plus une dynamique s'esquisse dans un sens, plus elle est rejointe par de nombreux opérateurs et plus elle prend de l'ampleur – et de l'*overshoot*: « notre industrie a tendance à l'excès », souffle un « banquier européen de haut vol », mais anonyme, interrogé par *The Economist*[17], qui ajoute de lui-même : « le système est câblé pour aller dans le décor à intervalles réguliers. » Or il faut donner à ce « câblage » son vrai nom : la *concurrence*. À tous les étages de l'édifice, la « saine concurrence » est toxique. Évidemment pour s'en apercevoir il faut abandonner la logomachie qui en fait plus qu'une vertu : une philosophie de l'existence, et entrer dans le détail des mécanismes réels, des effets concrets... et des enchaînements fatals.

Plus frénétique la concurrence sur le rendement...
plus grand l'oubli du risque

Aux échelles les plus fines de la finance, passant entre les individus eux-mêmes, les forces concurrentielles stimulent l'émulation pour le pire. Les formules de rémunération en sont l'expression concentrée. Si l'on cherchait la forme la plus concrète que peut prendre la distorsion des couples rendement-risque, à n'en pas douter il faudrait la voir dans les fameux *bonus*. Par construction, ceux-ci sont voués à passer à côté du risque puisqu'ils ne rémunèrent que la performance présente alors que les risques ne sont matérialisés qu'*ex post*. Le bonus ne rémunère que l'instantané, le réalisé observable ; or le risque est de la potentialité en attente d'une éventuelle actualisation. Quand la bulle bat son plein, c'est-à-dire au moment où l'accumulation de risques est la plus intense, les bonus, qui ne voient que les profits présents sans les déconvenues futures dont ils sont porteurs, ensevelissent les traders sous des gains faramineux. Et dans la sphère de la finance, qui a l'argent pour seule aune, ils donnent la mesure de la valeur des individus. Aussi ces bonus sont-ils chargés de significations qui dépassent leurs seuls contenus monétaires puisqu'ils déterminent les hiérarchies de la gloire. Le classement : voilà, avec l'argent, l'idée fixe de la finance. Partout ce ne sont que palmarès, tableaux d'honneur et *League Tables*. Il n'est pas un métier, aussi finement découpé soit-il par la division du travail, qui n'y échappe : le meilleur *broker*, le meilleur gestionnaire de fonds, le meilleur analyste, le meilleur stratégiste, le meilleur trader, sur actions, sur produits de taux, sur dérivés d'actions, de crédits, sur indices, etc., à l'infini. Les classements désignent le plus souvent des équipes et, dans ces compétitions sans cesse relancées, les chefs, qui sont les premiers captateurs de ces honneurs professionnels, jouent l'avenir de leurs carrières aussi bien que leurs propres fortunes. L'impulsion venue du haut est aussitôt transmise aux niveaux inférieurs. À vrai dire, les traders sont eux-mêmes si pris par le jeu qu'il n'est nul besoin d'ajouter à leur motivation. Aussi la concurrence entre équipes et entre établissements se réfracte-t-elle immédiatement en concurrence à l'intérieur de la salle qui, à son tour, entretient ses classements internes ou à tout le moins ses hiérarchies informelles. Dans cette structure fractale des concurrences, miroirs les unes des autres à toutes les échelles, le rendement devient *de fait* le critère dominant, et pour finir le critère *unique*. Bien sûr, dans chaque salle, le *back office*, qui tient les comptes et surveille les risques est, sur le papier, une force de rappel. Mais que peut vraiment cette contre-tendance isolée et minoritaire quand tout le reste des structures de la finance de marché nourrit le primat de l'indicateur de rentabilité et distord les comportements de sorte que l'optimisation combinée rendement-risque tourne de plus en plus à la maximisation simple du rendement? Qui voudrait trop accorder aux précautions d'un risque futur est condamné à dégrader sa rentabilité présente, par conséquent à régresser dans les tables honorifiques de la profession, et à mettre en péril ses intérêts vitaux – merveille de la concurrence... Il n'est donc nul besoin pour se faire une idée des effets intrinsèquement pervers de la concurrence déchaînée dans la finance d'en appeler à des cas extrêmes du type Kerviel, quoique ceux-ci ne se déduisent des cas ordinaires que par une simple variation de degré: Jérôme Kerviel est un trader semblable à tous les autres, dont on a juste poussé un peu plus loin les curseurs.

Les institutions autant que les individus sont emportés par cette logique démente. Elles aussi sont soumises au jugement: celui de leurs actionnaires. À cet étage de la structure comme aux autres, le critère d'airain est le même: le profit ici et maintenant puisque c'est la seule chose tangible et connue certainement – le risque n'est qu'une *virtualité* qui permet d'exalter les valeurs de l'« audace » (et de fustiger les timorés)... tant qu'elle n'est pas matérialisée. Pour les banques comme pour les autres entreprises cotées, le profit fait les cours boursiers, et les cours la félicité des actionnaires. Aussi dangereuses soient-elles à terme, nul ne peut se permettre de négliger des opportunités de profit *tout de suite*. Les fonds de placement (fonds de pension, fonds mutuels) et les clients qui apportent leurs capitaux à gérer aux banques ont, tout autant que les autres acteurs de la finance, le nez rivé sur les palmarès de la performance. Tout recul dans les classements de la rentabilité est immédiatement sanctionné par des pertes de parts de marché. C'est pourquoi quand s'ouvre un nouvel eldorado, qu'il s'agisse des entreprises Internet à la fin des années 1990 ou des dérivés de subprimes au début des années 2000, et que s'annonce une nouvelle promesse de *high yield*, l'esprit critique n'a pas sa place: il faut s'y ruer avec tout le monde sauf à « décrocher ».

Les plus lucides emportés malgré eux

On ne peut pas exclure tout à fait que l'univers de la finance recèle quelques esprits moins aveuglément magnétisés que la moyenne. Un analyste, qui n'était pas décidé à communier dans l'euphorie *dotcom* a raconté sa solitude et le mur de désapprobation auquel s'étaient heurtés ses avertissements[18]. Il n'est nul besoin d'imaginer des conspirations du silence pour avoir le fin mot de ces omertas financières dont on trouvera beaucoup plus sûrement le principe dans la puissance des intérêts à « ne pas voir ». La cécité volontaire et le refus du dissensus n'ont en effet pas d'autre cause que l'impératif de prolonger aussi longtemps que possible une dynamique de bulle dont tous les opérateurs tirent de fabuleux rendements… tant qu'elle dure. Un argument intertemporel assez rustique suffirait à noter que les juteux profits d'aujourd'hui pourraient bien tourner aux pertes abyssales de demain. Mais, précisément, les forces de la concurrence inhibent absolument cet avertissement élémentaire puisque la jauge exclusive du résultat *courant comparé* concentre le jugement sur le présent immédiat, et rétrécit tragiquement les horizons temporels. Aussi, pour toute leur lucidité, les moins malvoyants de la finance n'ont-ils pas d'autre choix que de rejoindre l'emballement collectif au nom de la préservation de leur position concurrentielle. L'analyste témoignant de l'impossibilité rationnelle où il s'était trouvé a donné pour sous-titre à son ouvrage: « *Au cœur de la folie financière* ». Là où une lecture à l'aveugle aurait pu faire croire à un libelle d'Attac ou de la gauche alter, c'est donc d'une critique interne qu'il s'agissait – et les mêmes contenus que la première origine possible aurait entièrement disqualifiés ont été ici jugés entièrement légitimes. À tout le moins ils sont impressionnants puisqu'ils montrent, d'une part, que le malaise naît auprès de ceux-là mêmes dont l'adhésion de principe au jeu est acquise, et surtout, d'autre part, combien les forces de la concurrence-cupide finissent par s'élever au-dessus des individus et à les emporter malgré eux. La concurrence dont Éric Le Boucher vante si fort les vertus universelles est donc cela même qui, dans la finance, tue littéralement les possibilités de lucidité rationnelle et contraint les agents à des comportements dont ils voient pourtant très bien la dangerosité – magnifique résultat, vraiment. Même Alan Greenspan, qu'on placerait sans difficulté à 11 dans l'échelle de 1 à 10 de la sympathie envers les marchés, se rend compte du problème: «les comportements douteux des marchés financiers durant la phase d'expansion sont le résultat d'une préoccupation des firmes qu'à ne pas participer à l'euphorie du moment elles perdront irréversiblement de la part de marché[19].» C'est un avis d'expert. L'«expert» a toutefois un sens bizarre de la conséquence puisque cette proposition absolument dévastatrice ne l'empêche pas de conclure son article par une vibrante profession de foi en les marchés et de demander solennellement que «les réformes n'inhibent pas nos plus fidèles et nos plus efficaces garde-fous contre l'échec économique cumulatif: la flexibilité des marchés et la concurrence ouverte[20]» – la même concurrence dont le même Greenspan vient de montrer tout ce qu'elle avait de nuisible…

«…MAIS TOUS ÉTAIENT FRAPPÉS»

Il est vrai que ce serait beaucoup demander à tous ces gens qui ont *cru* de consentir à d'aussi déchirantes révisions sans que l'âme ne renâcle un peu et fasse connaître ses tourments.

Contradictions flagrantes et inconséquences manifestes sont sans doute le prix à payer pour cette phase transitoire. Mais transition vers quoi? Pour que ce soit vers autre chose que des bonnes paroles sans suite, il est utile de dresser un tableau aussi éloquent que possible des « bienfaits » de la concurrence.

Mordus par le virus du high yield

Peu d'épisodes en effet auront démontré comme les subprimes quelles profondes distorsions de leurs comportements anciens les banques pouvaient connaître au contact des marchés de capitaux. En témoigne notamment l'aventurisme d'institutions autrefois réputées pour leur tranquillité. Ainsi des banques allemandes, IKB et Sachsen LB, connues pour être ternes à souhait, besogneusement vouées au financement sans gloire des PME, mais tardivement mordues par la tarentule des marchés et de la finance structurée*. Car c'était trop injuste qu'elles dussent végéter dans la mare aux canards du crédit bancaire quand d'autres avaient droit au grand large des produits dérivés. Et aussi au *high yield*. Car, inutile de le dire, s'il n'est déjà pas très glamour au départ, le crédit de base à Mittelstand AG[21] n'est pas non plus follement rémunérateur. IKB et Sachsen font donc à leur tour le choix audacieux du *high yield* qui leur permet, pauvres *Landesbanken* (banques régionales à capitaux publics), de relever la tête et de soutenir un peu mieux la comparaison avec l'élite financière du pays. Bien sûr, il faut tâcher d'échapper à la surveillance du régulateur allemand, le Bafin, qui aura du mal à comprendre que des banques à mission bien définie aillent s'ébrouer sur des marchés dont elles n'ont aucune habitude. C'est pourquoi IKB et Sachsen épousent d'emblée les pires pratiques, l'une en confiant à une entité *offshore*, Rhineland, la gestion de ses investissements en dérivés de subprimes, l'autre en passant par une filiale domiciliée en Irlande. Les deux finiront en faillite et sauvées des eaux… par l'État.

Dans cet ordre d'idées, le cas emblématique restera cependant celui d'UBS. La banque suisse est depuis longtemps un poids lourd de la finance internationale, tout le contraire donc des pieds nickelés allemands, quoique réputée d'une prudence et d'un conservatisme tout helvétiques. Mais la force tentatrice du *high yield* est irrésistible et UBS, jouant dans la même catégorie que les plus grands, a son rang à défendre dans les classements de la profession. Dieu sait pourtant qu'UBS connaît le prix de la spéculation mal avisée : prise dans l'affaire LTCM en 1998 où elle a laissé un milliard de francs suisses, elle s'était juré alors de ne plus jamais laisser son département Banque d'Investissement mettre en péril la réputation de sa Banque Privée[22]. Cette autodiscipline, qu'on aurait pu croire d'autant plus robuste qu'elle avait été acquise dans une épreuve cuisante, n'a pourtant pas résisté plus de quelques années aux pressions concurrentielles, et notamment à l'entrée dans le champ de compétiteurs extrêmement agressifs : les *hedge funds*. La clientèle du *Private Banking* ne réagit pas qu'à la réputation, mais aussi au résultat. Or les *hedge funds* font profession de stratégies de placement dites « alternatives » pour mieux masquer tout ce qu'elles ont de risqué, mais hautement rémunératrices quand elles sont couronnées de succès. Et la clientèle d'UBS menace de prendre le large. Obligée de réagir, la banque revient sur ses engagements de jadis... et décide de « refaire son retard ». Tel est bien le fin mot de la concurrence : ne pas laisser se creuser les différences – même si c'est pour rejoindre le pire. Fin 2004, UBS prend la décision de créer son propre *hedge fund*, Dillon Read Capital Management (DRCM), orienté « dérivés de crédit ». Moins de trois ans plus tard, DRCM, largement responsable des pertes astronomiques d'UBS sur les dérivés de subprimes, est fermé. Au final, UBS décroche bien une place d'honneur (la troisième)... mais pas dans le bon classement : celui des pertes de la crise financière 2007-2008 toutes catégories confondues, 38 milliards de dollars (juillet 2008)... Une place d'honneur et aussi un surnom : *Used to Be Smart* (autrefois connu pour être futé) – le monde concurrentiel est méchant. Et inconséquent également : car, en dernière analyse, c'est bien lui qui rend stupides les plus *smart* d'autrefois.

Il n'est pas une catégorie de banques qui n'ait été frappée par cette malédiction de l'aveuglement concurrentiel. La France, dont le zèle des convertis de fraîche date est proverbial, s'illustre avec la Société Générale. Longtemps banque à réseaux sans charme particulier, la Générale, comme beaucoup, s'est trouvée frappée de sidération à la vue des marchés... et des perspectives de profit qui allaient avec. La concurrence dans l'univers du crédit bancaire classique (non titrisé) ne faisait pas de miracle. Les banques pouvaient bien lutter pour la part de marché et la conquête des zones de chalandise où installer leurs agences, les profits gravitaient autour de moyennes historiques remarquablement stables sans pouvoir en décoller significativement. Mais les marchés, pardon ! Jamais on n'avait vu chose si scintillante... ni si rémunératrice. La privatisation de la Générale est contemporaine de la déréglementation financière (1987), mais son devenir actionnarial et la concurrence vont la propulser dans ce nouvel élément, formidable occasion de faire oublier ses agences et ses guichetiers, et d'épouser enfin la vraie modernité qui est anglo-saxonne, comme le capitalisme authentique. On prête à la Générale d'avoir été dans les premières à développer un département spécialement performant sur les dérivés actions. Mais un complexe d'infériorité poursuivra longtemps la pauvre banque, et le petit chose SocGen[23] aura beaucoup lutté pour ravaler bien des humiliations. N'ayant pas la chance d'avoir été dès le début Goldman Sachs, elle a donc pris le parti de parvenir à la force du poignet. Dans la finance contemporaine, l'ascension sociale passe par le *trading* et les produits dérivés. Heureusement, on peut devenir membre du club, il suffit d'adhérer à la charte et de s'abandonner aux mêmes forces que tout le monde – 3,7 milliards d'euros de chute sur les subprimes…

Changement de modèle dans la banque d'investissement
Le sentiment d'appartenir à l'élite n'a pas davantage prévenu les méfaits de la concurrence. Celle-ci n'est-elle pas plus intense à mesure qu'on se rapproche des sommets ? À la pointe avancée de la finance internationale s'est produit un changement considérable : les grandes banques étasuniennes, notamment d'investissement, ont radicalement redéfini leur modèle économique. Traditionnellement, les départements « Banque de Financement et d'Investissement » (BFI) avaient pour fonction de concevoir et réaliser de nouveaux produits financiers permettant à certains de lever des fonds, proposant à d'autres de nouveaux actifs dans lesquels investir. Mais la BFI se contentait de cette intervention d'ingénierie, montant les véhicules *ad hoc* (*Special Purpose Vehicle*, voir *infra* chapitre 2), réalisant le placement, et touchant d'épaisses commissions *(fees)* au passage. Une banque toutefois ne fait pas comme tout le monde. Il s'agit de Goldman Sachs. Goldman ne s'arrête pas comme les autres à l'émission des nouveaux titres pour compte de tiers, mais y investit ses propres fonds. Ce modèle hétérodoxe du *proprietary trading* généralisé, c'est-à-dire du *trading* pour compte propre à grande échelle, l'a fabuleusement enrichie. Goldman est donc l'exemple à suivre, le modèle à émuler, la concurrence l'exige. Merrill Lynch et Citigroup sont deux des suiveurs les plus déterminés. Particulièrement Merrill, qui boxe dans la même catégorie que Goldman et souffre d'autant plus la comparaison. Comme il n'est pas question de se laisser distancer au jeu de la profitabilité comparée, Merrill abandonne son ancien modèle du *craft and exit* (fabriquer puis sortir) pour celui du *trading* pour compte propre. Les dérivés de crédit donneront son premier support à cette nouvelle

stratégie, notamment les CDO (*Collateralized Debt Obligations*, voir *infra* chapitre 2), le produit-phare dans la chaîne de la titrisation des crédits immobiliers. Là où elle jouait autrefois un rôle de simple intermédiaire, entre banques désireuses de titriser des crédits et investisseurs désireux de souscrire aux produits de la titrisation, Merrill se transforme en investisseur massif sur les CDO qu'elle fabrique elle-même. La fin de l'histoire est connue: ce sont ces titres qui s'effondreront dans la crise, et là où le modèle ancien aurait permis de toucher tranquillement les abondantes commissions en regardant ensuite la casse à distance, le choix de Merrill de se mettre elle-même à la sortie de sa propre fabrique lui vaudra de figurer dans le tiercé des perdants, des recapitalisations de détresse, et des «grands noms» de la crise des subprimes. Quant à Citigroup, après s'être battue pour décrocher la deuxième place dans les classements pour les opérations sur CDO pour l'année 2006, elle finira brillamment en tête du palmarès des pertes à la mi-2008.

LA FAILLITE DES SAUVEGARDES

Le plus frappant avec la concurrence-cupide – deux mobiles si complémentairement imbriqués qu'ils méritent d'être fondus en une catégorie unique – réside sans doute dans son caractère épidémique. Elle n'emporte d'ailleurs pas que les banques et les fonds, mais également, et c'est plus grave, toute une série d'institutions «périphériques» dont la tempérance serait pourtant très nécessaire. Ainsi, par exemple, la crise des subprimes aura-t-elle fait connaître un acteur obscur de la finance mais dont on découvre à chaud toute la capacité de nuisance à partir du moment où elle se met à jouer le même jeu que tout le monde: les *monolines**. Les *monolines* sont des rehausseurs de crédit – en fait des assureurs. Qui détient des créances obligataires sur un certain émetteur et désire se prémunir d'un risque de défaut ou d'un accident de paiement de celui-ci peut souscrire une assurance auprès des rehausseurs, lesquels, moyennant la perception d'une prime, indemniseront l'investisseur des pertes de valeur qu'il pourrait encourir sur les titres assurés. Il y a une bonne raison à ce que les *monolines* ne soient jamais sortis de l'obscurité : jusqu'au début des années 2000 ils étaient surtout spécialisés dans l'assurance des obligations émises par les collectivités locales étasuniennes, essentiellement des municipalités, émettrices desdites *munibonds*. Il va sans dire que pour faire office de stabilisateur des marchés de crédits, comme il revient à des assureurs, il est préférable que ceux-ci soient prudents pour tout le monde et gardent la tête un peu froide. Mais les *monolines* sont des entreprises privées, et pas un instant elles ne se sentent la responsabilité de quoi que ce soit au-delà de leurs propres résultats. Comme les autres, elles ont un compte de profit, des actionnaires à satisfaire, et des concurrents à dépasser. C'est pourquoi l'arrivée d'une nouvelle sorte de titres obligataires, les produits de la titrisation de crédits immobiliers, leur ouvre un nouveau marché dans lequel il serait « irrationnel » de ne pas s'engager. Et le marché n'est pas seulement nouveau : il s'annonce immense. La manufacture de la titrisation tourne à plein régime et ce sont des quantités industrielles de MBS et de CDO qui inondent les marchés de crédit... et demandent à être assurés. Foin des *munibonds* barbantes à souhait, même si la stabilité granitique de leurs caractéristiques offrait un *business* réglé comme du papier à musique : assureur de produits structurés*, voilà qui ouvre de modernes horizons et... rehausse un statut. Emportés à leur tour par les tentations du *high yield* et les forces de la concurrence, les rehausseurs se sont malheureusement montrés encore moins malins que les autres alors qu'ils avaient pour fonction de l'être plus. Et d'assureurs, ils sont devenus potentiels faillis à rattraper à leur tour.

Plus encore que les *monolines*, la « carence des sauvegardes » est sans doute portée à son comble par les agences de notation. Leur rôle est pourtant décisif dans la finance de marché puisqu'elles leur fournissent la chose vitale entre toutes : du jugement. Bien sûr, les opérateurs ne manquent pas de se faire une opinion par eux-mêmes – quoiqu'elle soit assez souvent la copie de celle de leurs semblables. Mais, la division du travail ayant réservé une place spéciale à des producteurs de jugement, ils s'en remettent à eux pour une assez large part. Les avis des agences de notation, réputées extérieures au jeu spéculatif, donc sans intérêt immédiat à le distordre dans un sens ou un autre, sont regardés par tous, et suivis de même. Cette extériorité supposée est pourtant insuffisante à produire l'objectivité, ou au moins la neutralité du jugement que l'on pourrait attendre d'elles. Car, quoique n'investissant pas elles-mêmes, les agences n'en sont pas moins dans le jeu, mais d'une autre façon : car elles sont des entreprises commerciales privées et – remarquable aberration – ce sont les émetteurs de titres demandeurs d'évaluation qui sont leurs clients, et payent pour se faire évaluer. Comme n'importe quel autre vendeur de n'importe quoi, les agences ont très bien compris que le client est roi. Il y avait donc peu de chances *a priori* pour qu'une banque ayant décidé de titriser des crédits immobiliers et portant à une agence l'évaluation des produits de la titrisation avant de les lancer sur le marché s'entendît dire que ses produits étaient d'une déplorable qualité et que l'avis de notation ne manquerait pas de le signifier publiquement. Les agences ont parfaitement saisi l'extraordinaire croissance du *business* de l'évaluation qui allait suivre du fonctionnement à plein régime de l'industrie de la titrisation – surtout ne pas tuer un marché aussi prometteur par des rebuffades inconsidérées ! En 2006, Moody's fera 44 % de son chiffre d'affaires sur l'évaluation des produits dérivés de subprimes – 53 % au premier semestre 2007, juste avant le grand retournement… Y a-t-il lieu de s'étonner qu'elle les ait jugés pour la plupart magnifiquement sains? Aussi les agences, que leur fonction d'avis aurait dû mettre en première ligne des forces de rappel, ont-elles en fait joué à l'amplification de la déraison.

LES AGENCES DE NOTATION

Les agences classent selon leurs risques les actifs financiers en leur attribuant une note – dans la nomenclature Standard & Poor's: AAA, AA, A, BBB, etc. (avec en fait des subdivisions plus fines en X+, X et X–).

Les deux histogrammes ci-dessous montrent la distribution statistique des différentes notes respectivement pour les produits de la finance structurée (titrisation de crédits) et pour les obligations d'entreprise *(corporate).*

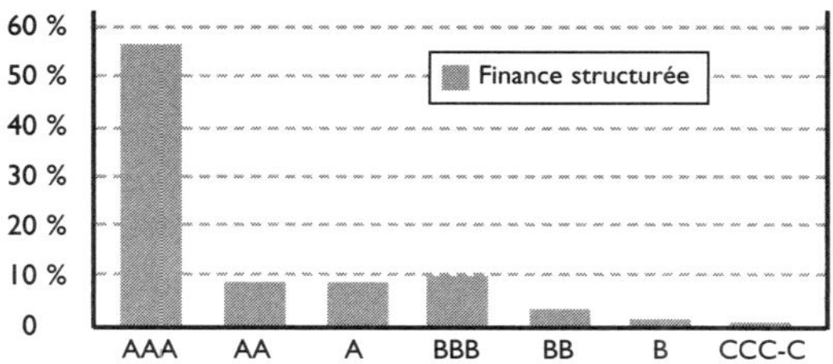

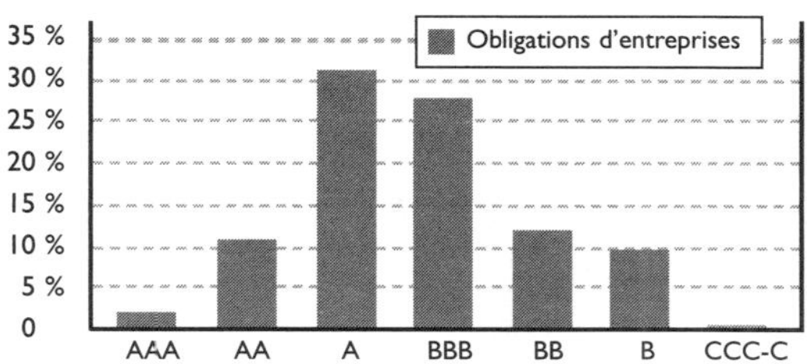

Sources: Fitch Ratings, *Financial Times*, 16 août 2007.

Cette distorsion du jugement par les intérêts commerciaux est spectaculairement visible dans la distribution statistique des notes respectivement données aux dettes d'entreprise et aux titres de la finance structurée [voir encadré page précédente]. Alors que, en bonne normalité statistique, les dettes d'entreprise de cotation moyenne sont les plus nombreuses, les dérivés de crédit reçoivent la note maximale pour 60 % d'entre eux – contre 2,5 % pour les entreprises – et le segment le mieux noté (notations supérieures ou égales à A) représente à lui seul près de 80 % du total. Ainsi les dérivés de crédit vus avec les lunettes des agences de notation présentent-ils cette bizarrerie statistique que les produits exceptionnels y sont les plus nombreux – et l'on sent confusément que c'est le concept même d'« exceptionnel » qui est en train de dangereusement prendre de la gîte. Après les *monolines*, le pare-feu supposé des agences de notation cède également et pour les mêmes raisons. Il n'y a donc plus aucun garde-fou dans le système – en tout cas dans sa composante privée – que plus rien ne retient d'aller à sa perte.

MISÈRE DU MORALISME

Quand toutes les forces de la finance, telles qu'elles sont inscrites dans ses structures, celles des marchés libéralisés et de la concurrence-cupide sans frein, poussent irrésistiblement les agents dans la même direction, parfois contre leur gré, il se trouve encore des « observateurs » suffisamment aveugles pour dénoncer l'immoralité et en appeler à la vertu. « Pour moi la cause est entendue, affirme Michel Rocard, visiblement après avoir beaucoup réfléchi : le capitalisme sombre sous l'immoralité[24]. » Une autre cause semble mieux entendue : la pensée de la social-démocratie morale sombre sous l'indigence. Il est vrai que la puissante analyse est placée sous un titre choc qui appelle « tous » à se ranger « derrière

Laurence Parisot!», mot d'ordre qui a tout de même la propriété vertigineuse de concentrer en quatre mots l'état de confusion politique où se trouve aujourd'hui le Parti socialiste – pour ne rien dire de la confusion intellectuelle qui fait d'abord tenir une «critique» du capitalisme financiarisé pour ensuite proposer un soutien entier à la fraction du patronat... qui en est la promotrice la plus acharnée[25]. À ce degré de désorganisation de la pensée, qu'est-il encore permis d'espérer? Probablement plus grand-chose, et sans doute plus de faire comprendre la différence entre la vertu des individus et la force des structures. Toute la vertu du monde ne convaincra pas un banquier d'investissement de renoncer à saisir un ROE de 40 % s'il est lui-même à 30 et que ses concurrents voguent vers les 50 – sauf à le déterminer à changer de métier. Qui donc pourrait obtenir d'institutions soumises à la pression actionnariale qu'elles oublient leurs objectifs de rentabilité, d'individus sans cesse soumis à l'évaluation comparée qu'ils fassent abstraction des *League Tables* telles qu'elles déterminent leurs bonus et leurs carrières, c'est-à-dire leurs vies? Et surtout qui pourrait obtenir un réfrènement spontané des pulsions cupides au moment où s'ouvre devant elles un champ qui leur offre des occasions de satisfaction sans pareilles, et que, dans cet univers, ne pas les saisir est une *faute professionnelle*? Quel banquier pourrait rester bras ballants à regarder la bulle croître et embellir pendant que tous ses semblables s'enrichissent à milliards? Qu'on le présente vite à Michel Rocard s'il se peut en trouver un seul de cette espèce!

Les marchés financiers sont le lieu du profit hors norme. Et l'on voudrait que des capitalistes dont la vocation existentielle est le profit fassent la démonstration d'une chrétienne retenue? On ne peut pas attendre d'agents dont les intérêts vitaux sont configurés d'une certaine manière qu'ils renoncent à les poursuivre, ou à réagir à ce qui les met en péril. À l'indigence sans nom de la prédication morale, il faut donc préférer l'action sur les structures puisque ce sont elles qui configurent ces intérêts et déterminent les marges de manœuvre offertes à leur poursuite. Et comme il est dans la logique de l'intérêt de s'efforcer indéfiniment, il est peu probable que le sens de la limite lui vienne spontanément du dedans – par conséquent elle ne lui sera posée que du dehors. Veut-on que la finance n'offre plus le spectacle des extravagantes inégalités de la bulle et celui du krach qui s'ensuivra nécessairement ? Qu'on modifie les règles fondamentales qui structurent le jeu et le comportement des agents, ou bien qu'on attende résigné la prochaine crise.

PROVIDENTIELS « VOYOUS » !

Les *insiders* par intérêt, et les idéologues par bêtise, font tout ce qu'ils peuvent pour détourner l'attention de cette conclusion pourtant difficilement évitable. Aussi le défilé des diversions et des dérivatifs est-il sans fin. Dans un registre très proche de la fustigation morale, la dénonciation des individus crapuleux est le procédé usé jusqu'à la corde mais toujours prêt à resservir pour faire regarder ailleurs. Ainsi John Hull, l'auteur du « pavé » de référence sur les produits dérivés[26], confusément conscient de l'odeur de soufre qui en émane, entreprend-il de désamorcer la polémique en allant au-devant des objections – c'est qu'il est maintenant difficile de passer sous silence les nombreux désastres où les dérivés ont été directement impliqués. Oui, consent-il, « des pertes spectaculaires ont pu être observées sur les marchés d'actifs dérivés[27] ». Y aurait-il là l'amorce d'une critique de fond ? Dieu soit loué, non : « dans bon nombre de cas, ces pertes énormes sont la conséquence des activités d'un seul individu [...]. [Elles] ne devraient cependant pas jeter l'opprobre sur l'industrie des actifs dérivés. » Ce serait trop injuste en effet. Nulle activité aussi saine soit-elle n'est à l'abri d'un malfaisant. Treize pages sur huit cents à décliner pour solde de tous comptes la thèse du trader « isolé », incompétent ou malhonnête... Que Merrill, Citigroup et UBS perdent à elles trois plus de 140 milliards de dollars[28] *dans les règles de l'art*, pour ne rien dire des 400 ou 500 autres milliards évaporés dans la crise des subprimes, place la théorie des « traders isolés » dans la position inconfortable de devoir reconnaître son inanité profonde ou d'avoir à supposer une foudroyante épidémie de malhonnêteté et d'incompétence combinées.

Par une anomalie qui donne incidemment une mesure de la résistance de la croyance, la « théorie du voyou », en dépit de son inutilité patente, ne perd rien de son pouvoir de séduction. Il est vrai qu'elle ne séduit que ceux qui ont le goût du fait divers ou bien qui cherchent méthodiquement dans quelle impasse faire tourner court l'analyse. Pierre-Antoine Delhommais, qui s'était illustré par sa clairvoyance dès l'été 2007 en faisant de la crise le symptôme bénin d'une « mondialisation heureuse mais heurtée[29] », se rattrape quelques mois plus tard en versant dans le sensationnel et avec la satisfaction d'avoir identifié le parfait vrai-faux problème : « le scandale de la Société Générale[30] ». Providentiel Kerviel ! De la Société Générale, on aurait pu conter l'histoire de son ralliement au modèle de la banque de marché, faire l'analyse des forces structurelles qui ont distordu ses comportements, mais non : le « voyou » – qui ne fait jamais qu'exprimer à sa manière l'essence du système – portera tout. Le département Banque de Financement et d'Investissement de la Société Générale dégageait 700 millions d'euros de profit en 1999, il en donne 2,3 milliards en 2006 et contribue à lui seul à la moitié du résultat total de la banque[31], n'y aurait-il pas d'intéressantes choses à dire à ce sujet ? Confronté à un carambolage dû au fait que des conducteurs ivres conduisant à touche-touche et en excès de vitesse ont été pris dans une nappe de brouillard, Pierre-

Antoine Delhommais nous fera sûrement un ouvrage sur la nappe de brouillard – « L'autoroute heureuse, mais carambolée ».

Comme il sied à la véritable pensée, Nicolas Baverez, qui n'hésite pas à se laisser présenter comme historien, économiste, essayiste, avocat – peut-être trapéziste ou montreur d'ours à ses heures –, délaisse le sensationnel pour remonter aux principes. « Le capitalisme est indissociable d'un esprit et d'une éthique. L'esprit n'est pas à chercher dans la captation du profit[32] » – c'est bien connu, l'esprit du capitalisme est tout de désintéressement, les banquiers d'ailleurs poursuivent le ROE* sous l'empire exclusif des mobiles de la charité. « Soljenitsyne rappelait que "la part essentielle de notre liberté est intérieure, elle dépend de notre volonté. Si nous cédons nous-mêmes à la corruption, nous n'avons plus le nom d'hommes". » « Nous n'avons plus le nom d'hommes »... Nicolas Baverez doit être un peu effaré des airs de ménagerie qu'ont pris les marchés financiers, que la « liberté intérieure » a désertés depuis que les forces de la concurrence ont convaincu tout le monde qu'on n'y avait pas raison seul contre tous. Mais en appeler ainsi aux idées les plus hautes de « l'humanité » offre à peu de frais une occasion de sembler s'élever soi-même à hauteur équivalente et, même si c'est absolument vide de sens, d'avoir à dire quelque chose plutôt que rien. Ainsi va, entre journalisme et essayisme, le commentaire « à la française » de la crise des subprimes. On frissonne à la révélation « des dessous » ou l'on opine gravement au rappel des principes moraux. Pour ce qui est de comprendre, évidemment...

2

Le fléau de l'«innovation financière»

Ils ne crieraient pas plus fort pour la prunelle de leurs yeux. Après le déni de l'été 2007 – « La crise du crédit immobilier n'est pour l'instant pas si gigantesque ; pas de quoi gripper les moteurs de la croissance » (Jean-Hervé Lorenzi[33]) – et au moment où la déconfiture financière prend des proportions visibles même de ceux qui ne veulent jamais voir, les appels angoissés montent de toutes parts à l'idée que pourrait être remis en cause le joyau de la couronne : l'innovation financière. « Rétrospectivement, les innovations financières se sont révélées être un jeu gagnant-gagnant […] ; [c'est] un processus qu'il serait suicidaire de remettre en cause globalement » (Christian de Boissieu[34]). « Cette crise de liquidité qui ne semble pas avoir de conséquences macroéconomiques importantes ne remet nullement en cause la pertinence et l'intérêt de la titrisation d'une part, de l'activité des *hedge funds* d'autre part » (Yves Simon[35]). Du même : « La titrisation est une technique qui n'a pas failli. Elle n'est pas la cause première de la crise de l'été 2007[36]. » Il est vrai que, même exposé aux dernières catastrophes, on ne tirera pas d'Yves Simon un seul mot qui puisse renier la promesse de bonheur total livrée par la déréglementation financière. C'est qu'il faut la force intérieure d'un templier pour déclarer sans ciller que « la crise de l'été 2007 a pour origine un dysfonctionnement de l'économie réelle[37] ». Mais les amis de la finance sont prêts à tout pour exonérer la chose qui donne du sens à leur vie et la protéger des ignobles attentats de la populace en colère – « la crise des subprimes va engendrer une tentation de "reréglementation" bancaire et financière. Il faudra savoir y répondre avec mesure [...]. Il faudra calmement "revisiter" le dispositif de Bâle II [...] sans chercher à le durcir» (Christian de Boissieu[38]). Oui, surtout du calme et du sang-froid; ne pas se précipiter et ne pas commettre l'irréparable; rien ne permet de dire avec certitude que la finance soit responsable de quoi que ce soit.

LES INTELLECTUELS ORGANIQUES DE LA FINANCE

Il faudrait s'interroger plus longuement sur cet acharnement dans le déni de la part d'observateurs en apparence «extérieurs» qui, supposés avoir plus de recul, n'en ont en fait aucun, là où les *insiders*, en tout cas certains d'entre eux, témoignent d'une lucidité que leurs intérêts directs rendaient pourtant plus improbable, et qui fait comparativement honte aux premiers: «le problème c'est l'innovation financière», déclare sans finasser Mohamed El Erian sur la chaîne boursière américaine CNBC le 10 avril 2008. Mais qui est Mohamed El Erian? Il est le vice-président de Pimco, l'un des plus gros opérateurs de Wall Street sur les produits de taux – pas exactement une oie blanche ni de la crème d'altermondialiste.

On ne saurait donc invoquer simplement la compromission par les intérêts, et les distorsions de vision du monde qui en résultent typiquement, pour comprendre la «fascination financière» de ces économistes, pareils en cela à nombre de leurs confrères, alors même que les agents les plus directement intéressés, les hommes de la finance, sont capables d'en revenir. Il faut alors plonger dans la littérature spécialisée, celle des produits dérivés et de leurs marchés, pour entrevoir peut-être une partie de l'explication, c'est-à-dire pénétrer un univers mental d'une complexité luxuriante telle qu'elle offre une infinie variété de mécanismes à maîtriser, de problèmes à résoudre, et de défis analytiques à relever, bref une vie de gymnaste intellectuel à remplir, et cela tout en ayant le sentiment du contact intime avec le réel – dans la finance il n'est pas question des huit catégories de l'entendement ou des quatre formes de la causalité, mais de milliards de dollars à placer correctement. Si la finance de marché est ainsi devenue une sorte de jardin d'Éden pour les esprits *problem-solving*, c'est parce que la complexification financière est une dynamique autocatalytique : elle crée elle-même les conditions de son propre développement en accroissant le nombre des produits qui, par recombinaisons, en engendreront de nouveaux. Ainsi de l'extravagante prolifération que connaissent les produits de titrisation. Car, si à l'origine on titrise des prêts bancaires, on peut très bien re-titriser des titres (voir *infra*) – les CDO *(Collateralized Debt Obligations)* ne sont-ils pas les produits de re-titrisation d'ABS *(Asset Backed Securities)* (voir *infra*) ? Et tant qu'on y est, pourquoi ne pas fabriquer des CDO de CDO ? Ou bien combiner CDO et CDS *(Credit Default Swap)* et inventer le « CDO synthétique » ? On l'a compris, le Meccano des produits dérivés est voué à une croissance indéfinie pour la plus grande joie des amateurs de rébus financiers qui y trouvent un terrain de jeux en constante expansion et, pour finir, un domaine clos, autosuffisant, doté de sa logique interne et même de son esthétique propre : l'esprit ne finit-il pas par trouver « beaux » les problèmes pour lesquels il se passionne, quelle que soit leur nature, et « élégantes » les solutions qu'il leur apporte ?

Ajoutons immédiatement que les « joies de l'esprit » ne se portent que mieux de se trouver quelques ancrages matériels. Parmi les universitaires qui ont succombé à l'esthétique de la finance, il en est beaucoup qui ont eu, et de longue date, partie liée au processus même de la financiarisation, lequel aura connu ses plus spectaculaires progrès à la faveur des « idées nouvelles » élaborées dans les cabinets de la recherche soi-disant pure. Dans un ouvrage maintenant célèbre, Peter Bernstein[39] a montré, assurément pour s'en féliciter mais dans une restitution très fidèle, combien l'élaboration des modèles de gestion de portefeuille a été décisive pour la constitution d'une industrie de l'investissement institutionnel – les fonds de pension. Le CAPM *(Capital Asset Pricing Model)*, devenu la base de tous les gestionnaires de portefeuille d'actions, restera donc dans l'histoire de la finance comme l'instrument même de la *rationalisation*, c'est-à-dire de la sortie de l'amateurisme des temps héroïques et de l'accès à la professionnalisation – et ses auteurs, Harry Markowitz et William Sharpe, comme les deux premiers Nobel « de la finance »[40]. Nobélisés également, Robert Merton et Myron Scholes, auteurs du modèle d'évaluation des options sans lequel le marché de ces produits dérivés n'aurait jamais connu un tel essor – employés de luxe, c'est bien la moindre des choses, du *hedge fund* LTCM qu'ils conduiront très académiquement à la faillite en 1998... Heureusement, tous n'ont pas eu cette déveine, et puis ils ont permis la réalisation de tant de profits auparavant... Si elle avait la reconnaissance du ventre, l'industrie financière pourrait un jour se fendre d'une plaque ou d'une inscription : « À nos Nobel, la finance de marché reconnaissante ».

Il est ainsi un groupe d'économistes qui ne se seront pas contentés de simplement décrire la finance de marché mais qui auront activement œuvré à la faire devenir telle qu'elle est. On pense en France à Yves Simon, figure de proue de l'enseignement des techniques de marchés à HEC puis à Dauphine, et dont les ouvrages-références accompagnent le développement des produits dérivés. À ce degré de symbiose entre universitaires qui pensent les outils de marché et marchés qui leur donnent raison en faisant réalité de leurs modèles, il n'est pas même nécessaire d'évoquer la densité des liens avec les institutions privées de la finance où le chercheur, inventeur de modèles, se fait consultant avant de revenir à l'université former les nouvelles générations de traders, pour en arriver à la conclusion qu'il s'est constitué là un groupe qu'on peut bel et bien présenter comme les *intellectuels organiques de la finance*. Comme jadis certains offraient toute leur vie au Parti, eux offrent toute la leur aux marchés, qui sont un peu « leur chose » et n'auraient pas eu le même visage sans leurs soins attentifs. Qui pourrait s'étonner qu'au milieu de la destruction la plus complète ils nieraient encore toute responsabilité des marchés ?

LA PROLIFÉRATION FINANCIÈRE

Le contraste n'en est que plus saisissant avec la lucidité comparativement admirable de certains praticiens de la finance, sans doute minoritaires, mais à qui – force de l'expérience oblige – « l'esprit est venu » d'avoir vu de près les cuisantes déconfitures des marchés. De ce point de vue, Warren Buffet, personnage légendaire de la finance, fait quasi-dieu vivant pour les performances record de son fonds Berkshire Hathaway, et entouré de toute l'iconographie en toc propre au genre – l'« Oracle du Nebraska », le « Sage d'Omaha », etc. –, aurait dû en laisser plus d'un interloqué lorsque, en 2003, il a qualifié les dérivés de crédit d'« armes de destruction financière massive »... Quoique son témoignage ait la force de toutes les critiques internes, il n'est cependant nul besoin de s'abriter sous l'autorité de Warren Buffet pour en arriver à la conclusion que le problème c'est bien l'innovation financière. Il suffit d'en examiner les mécanismes internes et les effets prévisibles – quand ce ne sont pas les intentions avouées. Mais c'est une discussion qu'on ne peut pas non plus entamer sans avoir préalablement fait remarquer combien elle est d'emblée biaisée par ses termes mêmes – le pouvoir gît souvent inaperçu dans les mots... Pour qui trouverait qu'« innovation » est la neutralité et l'innocence mêmes, il suffirait de suggérer l'expérience de pensée consistant à se revendiquer ouvertement contre l'« innovation financière », et notamment d'imaginer au bout de combien de temps surgirait l'imputation d'être « contre l'innovation » tout court, c'est-à-dire en définitive « contre le progrès ». Aussi décisif que le choix des armes, le choix des mots est de ceux dont on fait les avantages stratégiques les plus difficiles à réduire – parce que inaperçus des opposants, et les emprisonnant d'emblée dans des alternatives de sens où ils sont certains de n'avoir que la plus mauvaise place. Quand le problème de la financiarisation est mis dans les termes de l'« innovation », mot si chargé de valeurs positives et bien certain de pouvoir mobiliser à son profit tous les arrière-plans de l'idée de « progrès », il ne faut pas s'étonner que les contradicteurs se trouvent immédiatement renvoyés au registre du passéisme ou de l'archaïsme – c'est-à-dire que le combat soit perdu d'avance. Pour avoir une idée de ce que peuvent être ces coups de force lexicaux, il est utile de savoir que pendant des années, et aujourd'hui encore d'ailleurs, la littérature académique, censément la plus rigoureuse, n'a pas hésité à qualifier de « répression financière » tous les systèmes financiers qui n'avaient pas consenti à se rendre au modèle des marchés intégralement déréglementés. Les défenseurs de l'objectivité de la science n'ont visiblement pas été gênés du choix d'un mot – répression – dont l'évidente neutralité laisse tout de même accroire que le moindre projet de restriction aux aises de la finance fait immédiatement tomber dans la catégorie des amis du goulag.

Comme on n'est pas forcé de donner suite à ces tentatives que l'étymologie justifierait d'appeler des *pronunciamientos*, la première des choses est sans doute de faire table rase lexicale. Si la perspective de s'en prendre à l'« innovation financière » n'a pas même la possibilité d'argumenter, pour se trouver d'emblée rangée parmi les ennemis du progrès, qu'à cela ne tienne : changeons juste un mot pour changer le débat, et constatons, par exemple, combien il est plus aisé d'ouvrir une discussion sur la *prolifération* financière. Car la « nouveauté » n'est pas en effet la caractéristique la plus pertinente des produits qu'engendrent sans cesse les cerveaux fertiles des ingénieurs de la finance. Ce serait plutôt la frénésie combinatoire et itérative – options d'options, options sur *swaps*, CDO d'ABS, CDO de CDO, etc. –, c'est-à-dire la complexification financière, buissonnant hors de tout contrôle et sans autre finalité que son propre développement. À l'inverse de la bonne foi un peu demeurée qui ne voit même pas le problème à revendiquer l'« innovation », la thèse de la prolifération n'oublie pas de se fonder. En première approximation, une lecture littérale du mot pourrait lui suffire amplement tant le pur et simple constat de l'extraordinaire multiplication des produits dérivés en tout sens l'accrédite factuellement et de la plus incontestable des façons. Mais ne cachons pas qu'il y a dans le recours au mot « prolifération » quelque chose de plus que la seule dénotation numérique du pullulement. Il y a également la connotation des deux caractères que l'on voudrait faire reconnaître comme intrinsèques à ce processus même : il est profondément nuisible et, ayant de surcroît presque entièrement rompu avec les besoins de l'économie réelle – quoiqu'il ne cesse pas de s'abriter derrière cet alibi –, il est devenu totalement autocentré. En résumé, il est *parasitaire.*

LE « MIRACLE » DE LA TITRISATION

Pour établir ce caractère parasitaire de l'« innovation » – de la prolifération – financière, il va cependant falloir entrer dans le détail de ses « trouvailles ». La zoologie des produits dérivés est une science qui a de l'avenir : la matière à classification est en constante expansion. Comme souvent, donc, il faut se méfier des catégories trop générales, comme les « dérivés », non pas qu'il soit impossible d'en dégager des propriétés communes, mais parce qu'elles agglomèrent des classes spécifiques qui valent d'être distinguées. Or les commentaires, y compris journalistiques, de la crise des subprimes ont maintenant rendu familière, sinon très claire, l'idée de « titrisation » qui n'aurait jamais eu à sortir de l'ésotérisme si l'effondrement des marchés ne l'avait propulsée sur le devant de la scène. Mais qu'est-ce que la titrisation au juste et d'où vient qu'elle occupe cette place centrale dans la crise de 2007-2008 ?

La titrisation est l'un des procédés des produits dits « dérivés de crédit ». Elle offre aux banques – mais pas seulement – la possibilité de se refinancer par la revente de créances détenues sur des tiers. Quel est le type le plus fréquent de créance sur tiers détenue par les banques ? Les crédits, évidemment. Or, dans le métier classique du banquier, un crédit accordé demeure sur les livres de la banque jusqu'à son échéance. C'est dire que dans l'intervalle, dix ou vingt ans pour un crédit immobilier, la banque demeure porteuse du risque de défaut. Mais le risque, les banquiers qui sont supposés en être les spécialistes, aussi bien de leur sélection que de leur portage, n'en veulent plus. La titrisation est le moyen que leur offre l'ingénierie financière de s'en débarrasser.

La « subordination », principe de la finance structurée

Un crédit bancaire est une créance immobilisée dans un bilan ? Qu'à cela ne tienne, transformons-la en un *titre*, c'est-à-dire en un actif de type obligataire, négociable sur un marché *ad hoc*. L'affaire est doublement plaisante puisque à la défausse du risque s'ajoute la possibilité du refinancement : vendre ainsi un crédit titrisé, c'est récupérer de la liquidité mais par une opération de marché, là où le refinancement bancaire se fait d'ordinaire au guichet de la banque centrale, donc à ses conditions. La brique de base de la titrisation est l'ABS – pour *Asset Backed Security*, soit « titre adossé à des actifs ». Par assimilation, les ABS désignent à la fois les titres et les véhicules qui les émettent. Car le montage juridique de l'opération passe par la création d'une entité *ad hoc* dite SPV* pour *Special Purpose Vehicle* (Véhicule à finalité spéciale) à laquelle la banque cède un portefeuille de crédits, droits (flux d'intérêt) et risques (ceux des défauts) mêlés. On distingue ainsi les ABS selon la nature des créances qui entrent dans leur actif. Les ABS qui titrisent des crédits immobiliers sont dits MBS (pour *Mortgage Backed Securities*). Des équivalents existent pour toutes sortes de crédits : prêts à la consommation, crédits auto, cartes de crédit, prêts étudiants, etc. La plupart du temps le SPV est une entité juridique qui prend soin de se mettre bien au chaud : d'une part, elle se domicilie dans une place financière *offshore*. Comme les températures, la fiscalité y est très douce, les formalités de création de la société très légères, de même que les exigences initiales en capitaux propres ; enfin, les conseils d'administration sont jugés d'embêtantes et dispensables obligations. Mais surtout le SPV est entièrement coupé de la banque « cédante » – on dit alors qu'il est *bankruptcy remote*, c'est-à-dire éloigné de tout risque de faillite de celle-ci. C'est là une clause particulièrement importante. Car si la banque cédante venait à faire faillite, la procédure de règlement judiciaire pourrait, dans certaines conditions, conduire à un gel de ses actifs, et donc interrompre les flux d'intérêt qui alimentent le SPV.

C'est qu'en effet le SPV fonctionne comme une machine à transférer des flux financiers risqués. Y entrent les versements d'intérêt des divers débiteurs dont les crédits ont été mis en *pool*; en sortent des paiements conçus comme des droits attachés à des titres à revenu fixe (les ABS) qui vont être souscrits par des investisseurs. C'est dans le mécanisme complexe du transfert que la manœuvre des ABS prend toute sa saveur. En effet, si les flux d'intérêt s'agrègent de manière indifférenciée à l'entrée (à l'actif du SPV), tel n'est pas le cas des paiements de sortie qui, à l'usage des investisseurs, sont soigneusement découpés et surtout hiérarchisés selon un ordre dit de «séniorité*». Si des versements d'intérêt s'éteignent du fait du défaut des débiteurs initiaux, par exemple quand certains ménages deviennent incapables de rembourser leur dette immobilière (pour les MBS), il en résulte une contraction exactement équivalente des flux de sortie. Mais qui, parmi la multiplicité d'investisseurs porteurs des MBS, va en porter le poids? C'est à cette question cruciale que répond le *Security Trust Deed*, le document juridique le plus important du SPV, puisqu'il va déterminer *ex ante* l'affectation des flux financiers… et de leur diminution.

SCHÉMA D'UN VÉHICULE D'ABS

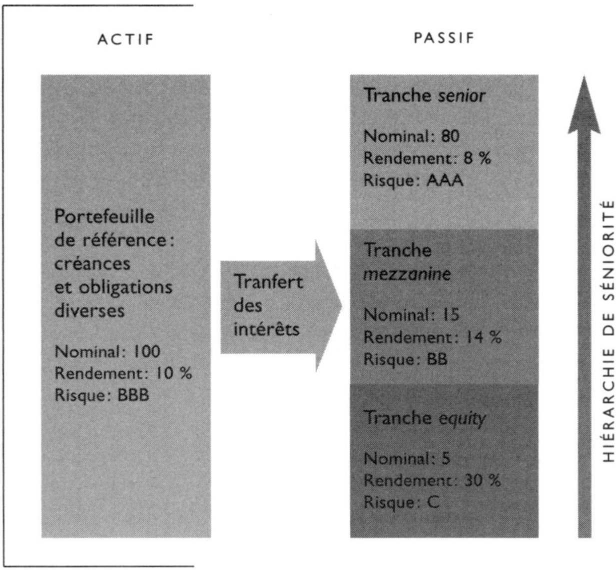

Les titres obligataires émis par le véhicule sont ainsi rangés en trois grandes classes qui vont différer par leur rendement (le volume des flux reçus) et aussi bien sûr par leur risque. La tranche la plus basse dans la hiérarchie de la séniorité est dite *equity* et a ceci de particulier qu'elle enregistrera en premier les défauts de paiement, donc la contraction de l'actif. Par exemple, un SPV peut avoir été construit sur une clé de répartition déterminant que les cinq premiers pourcents de défauts de paiement seront entièrement supportés par les investisseurs ayant acquis la tranche *equity* représentant elle-même 5 % du nominal total. Une tranche intermédiaire, dite *mezzanine*, représentant par exemple 15 % du nominal total, prendra le relais de la tranche *equity* et enregistrera les défauts à partir du sixième pourcent jusqu'au dixième. Au sommet de la hiérarchie, la tranche dite *senior* [voir encadré p. 61] prend les défauts en dernier – quoiqu'elle puisse être parfois elle-même surmontée d'une tranche *super-senior* dotée de protections supplémentaires. Tel est le principe dit de la *subordination** – les tranches du bas sont subordonnées à la protection de celle du haut – constitutif de ce qu'on nomme la *finance structurée**.

Les protections illusoires du triple-A

Évidemment, ces différentes classes de titres portant des risques différents, elles sont rémunérées différemment – la hiérarchie des rémunérations étant le décalque de celle des risques : la tranche *equity*, la plus exposée, peut se voir attribuer des rendements de l'ordre de 30 %. Autre chose que le 4 % des emprunts d'État à dix ans. Mais « autre chose » à tout point de vue. Car les 30 % risquent à tout instant de partir en fumée puisqu'ils sont formés à partir des paiements d'intérêt des débiteurs initiaux les plus tangents. On voit là tout l'intérêt de la manœuvre ABS : elle re-ventile une masse agrégée de flux financiers entrants en une multiplicité de classes de paiements de sortie dont chacune, par son couple rendement-risque, peut convenir à un certain type d'investisseur en fonction de sa propre aversion au risque. Qui s'amuse avec la tranche *equity*? Essentiellement les *hedge funds*, connus pour leurs stratégies à hauts risques. Et puis, par construction, ces titres sont négociables. On se dit donc qu'il suffira d'avoir un peu de nez et d'anticiper les « événements de crédits » pour vendre quand ça commencera à sentir le roussi. Les opérateurs ne se font pourtant guère d'illusion, et là où les documents bien propres sur eux des banques d'investissement parlent d'*equity*, eux disent plus crûment *toxic waste* ou *nuclear waste* – au moins c'est clair.

Contrairement à ce qu'on pourrait pourtant croire, l'essentiel de la crise des subprimes ne s'est pas noué autour de ces « déchets nucléaires », voués par avance à la vitrification, mais bien autour des tranches réputées les plus sûres. C'est que leur promesse spécifique, quoique moins spectaculaire en apparence que celle des tranches *equity*, relevait en fait d'un tour de force autrement plus impressionnant puisque, équivalent dans son ordre de la transformation du plomb en or, les tranches *senior* se proposent de servir un rendement sensiblement supérieur à celui de tous les actifs financiers de risque comparable. Si les titres *equity* ne sortent pas de l'ordre commun des choses de la finance – à titre pourri, rendement juteux –, c'est bien dans les tranches *senior* que prend corps le fantasme du rendement (partiellement) libéré du risque : du risque « triple-A » mais avec le rendement d'un « triple-B »[41] – miracle ! Mais de même que la multiplication des pains reste une histoire sujette à caution, il fallait se méfier des promesses un peu douteuses de la nouvelle pierre philosophale. À leur décharge, la belle histoire racontée par le prospectus avait tout pour tourner la tête des chalands désireux d'y croire. Car, explique l'argumentaire de la titrisation, il est possible de construire des tranches *senior* très peu risquées mais dotées d'une rémunération supérieure aux actifs de risque équivalent, dès lors qu'on a distordu la répartition des risques de l'ABS pour en concentrer la majeure partie sur les tranches « du dessous » (*mezzanine* et surtout *equity*). Soit, par exemple, un ABS dont l'actif a été doté de créances de note *moyenne* simple-A ou triple-B. Cet actif correspond donc à des flux de paiements entrants qui livrent par construction un rendement supérieur – supposons 10 % – à celui des actifs de moindre risque comme ceux qui sont notés triple-A. C'est ce rendement et ce risque moyens supérieurs qui se trouvent ventilés entre les différentes tranches d'ABS, mais selon la répartition inégale répondant au principe de la subordination, c'est-à-dire à la hiérarchie de séniorité. Si par ailleurs les statistiques historiques sur les créances de l'actif font état d'un taux de défaut passé moyen tel qu'il sera entièrement absorbé par les porteurs de la tranche *equity* et éventuellement ceux de la tranche *mezzanine*, alors les investisseurs *senior* peuvent estimer détenir un titre totalement libre de risque, par conséquent noté AAA... alors même qu'ils recevront, peut-être pas les 10 % correspondant au rendement moyen de l'actif, mais à coup sûr davantage qu'un triple-A ordinaire tel qu'ils auraient pu l'acquérir sur les marchés d'actifs « non structurés ».

DES ABS AUX CDO : LA TITRISATION ITÉRATIVE

Pleurs de joie et lévitation des rendements ! Comment les investisseurs, travaillés sans relâche par l'obsession de découvrir les nouveaux supports du *high yield*, ne se seraient-ils pas jetés sur cette providence ? Du risque AAA qui sort du rendement BBB ! Cherchez l'erreur, ou plutôt surtout ne la cherchez pas ! C'est suffisamment agréable pour dispenser de s'interroger. Pendant que les médiocres végètent avec des titres du Trésor à 3,5 %, ou avec de la dette *corporate* (d'entreprise) triple-A à 6 %, les aventuriers de la finance structurée touchent 8 % pour le même risque en ABS.

Conformément à la bonne logique itérative de la prolifération financière, rien n'interdit d'ailleurs, à partir de titres ABS quelconques, de répéter l'opération « constitution d'un *pool* d'actifs – véhicule spécial – émission de titres structurés par classes de séniorité ». C'est ainsi que naissent, par réplication à l'identique du même principe, les CDO – *Collateralized Debt Obligations.* Au lieu qu'ils soient formés à partir de crédits bancaires, les CDO sont le plus souvent formés à partir de produits de titrisations antérieures – par exemple des MBS (c'est-à-dire des *Asset Backed Securities* obtenus par titrisation de crédits immobiliers). D'une certaine manière, on pourrait dire que les CDO ne sont que des ABS d'un certain type, simplement opèrent-ils pour ainsi dire une titrisation au carré – en attendant les CDO de CDO... Tentante, en tout cas, est la possibilité de partir d'un actif initial plus risqué-rentable, tout en espérant comme dans le cas précédent parvenir à structurer une tranche *senior* « protégée », mais qui jouira par conséquent d'une rémunération plus attrayante encore que son homologue d'un ABS. Ainsi un CDO peut-il être constitué à partir des titres *mezzanine* d'un ABS, c'est-à-dire se choisir un actif sous-jacent dont le risque-rendement moyen est, par construction, plus élevé que celui de l'ABS de référence lui-même. Et n'en conserver pas moins le label triple-A pour sa tranche *senior*, ceci toujours par le même effet de « tassement » des défauts sur les tranches du bas.

La crise des subprimes a littéralement volatilisé cette grande illusion. Le plomb ne se change pas comme ça en or. Où était l'erreur? – car il y en avait une... Elle ne pouvait qu'être logée dans les anticipations faites sur la qualité des actifs sous-jacents des ABS et des CDO. Les différentes tranches de MBS (c'est-à-dire d'ABS fabriqués à partir de crédits immobiliers), par exemple, étant structurées d'après les statistiques historiques de défaut des ménages sur leurs dettes hypothécaires, comment s'étonner que cette base de mesure du risque ait été parfaitement sujette à caution au moment où les banques, d'ailleurs joyeusement encouragées par la titrisation même, se sont mises à distribuer à tout-va des prêts à des ménages autrefois inéligibles à l'emprunt pour cause de solvabilité notoirement insuffisante, quand ce n'était pas à des ménages carrément inconnus du système bancaire et sans aucun *track record* (historique) où que ce soit ? Au fait, que voulait dire subprime ? Dans subprime, il y a *prime* qui désigne le standard de solvabilité usuellement appliqué par le système bancaire à ses clients, et il y a *sub*... qui veut dire « en dessous ». L'expression, au total, a beau demeurer un peu euphémisée, elle n'en est pas moins claire. Aurait-il fallu labelliser ces « nouveaux » crédits « *rotten mortgage* » ou « *bullshit mortgage* » pour que les choses fussent plus évidentes ? On ne pourrait même pas en être certain : les « déchets toxiques » des tranches *equity* ont bien trouvé preneurs. Les arrangeurs de MBS pouvaient donc se gargariser autant qu'ils le voulaient de leurs bases de données historiques et donner aux mesures de risques les apparences de la science, le problème est précisément que, sachant qu'ils allaient se débarrasser des crédits octroyés dans l'instant même où ils les émettraient, les banquiers ont logiquement jugé peu nécessaire de s'efforcer de sélectionner leurs débiteurs, comme c'est – comme c'était – normalement leur métier, et ont fait entrer dans l'emprunt des cohortes de prospects dont le profil de risque n'avait plus rien à voir avec celui des « statistiques » – très fiers d'ailleurs de leurs audaces viriles : c'est qu'il en fallait de la testostérone en excès pour inventer, et surtout baptiser, les prêts « Ninja », pour *No Income No Job or Assets*, soit « ni emploi, ni revenus, ni actifs », à l'attention d'emprunteurs dépourvus de tout.

On peut bien se rassurer et donner aux tranches *senior* une notation AAA tant que le taux de défaut « historique » est de 5 % et que la tranche *equity* s'offre précisément à absorber ces 5 %-là, mais le rêve de la titrisation tourne au cauchemar si, du fait du recrutement massif d'une nouvelle classe de débiteurs particulièrement fragiles, le taux de défaut bondit à 10 ou 15 %. À ces hauteurs, non seulement la tranche *equity* est immédiatement vitrifiée, mais la tranche *mezzanine* est réduite en bouillie à son tour. Et les *senior* qui paradaient, tirant 200 points de base* de surprofit en se croyant à l'abri de la muraille AAA, commencent à sentir l'odeur du grillé, en se disant qu'il pourrait bientôt y avoir parmi eux également quelques grands brûlés. Mais ce n'est rien encore à côté des investisseurs en CDO, particulièrement pour ceux de ces produits qui ont été élaborés à partir de tranches *mezzanine* de MBS. Car si celle-ci est proche d'être entièrement vaporisée, alors, par construction, le taux de défaut sur les *cash-flows* de l'actif du CDO ne reste pas gentiment autour de 10 ou 15 %, mais s'apprête à bondir vers les... 100 %. C'est précisément ce qui va se passer, dans un processus qui illustre à merveille le caractère autodestructeur de cette admirable « innovation » financière : la titrisation par ABS fait s'effondrer la sélectivité des crédits bancaires que les banques savent ne plus avoir à porter ; il en résulte une arrivée massive de débiteurs d'un « nouveau » type qui détruit les bases statistiques mêmes sur lesquelles ses produits structurés ont été calibrés – en d'autres termes, la titrisation crée elle-même les conditions de sa propre mise en échec. Il est vrai que considéré sous cet angle, et avec le recul – avec beaucoup de recul tout de même –, oui, la chose pourrait avoir un certain côté esthétique.

LA TITRISATION COMME STRATÉGIE DE CONTOURNEMENT RÉGLEMENTAIRE

Si les investisseurs sont en sortie de chaîne de la titrisation, dont ils achètent les produits structurés, qui trouve-t-on à l'autre bout ? Les banques, bien sûr, puisque, en dernière analyse, c'est de leurs bilans que sortent les crédits qui amorcent tout le processus. Sortir des crédits de leurs bilans, c'est là d'ailleurs la première finalité de l'opération. Car, depuis les accords de Bâle (1996, puis Bâle II, 2004), les banques sont soumises à une réglementation prudentielle qui les contraint à réserver un volume minimal de capitaux propres égal à 8 % du total de leurs actifs risqués – portefeuilles de titres et encours de crédit. Ce ratio de solvabilité*, dit ratio Cooke, ou dans sa version la plus récente ratio McDonough, pose ainsi une limite à l'extension des encours de crédit puisque la banque doit disposer des capitaux propres suffisants pour rester au-dessus du seuil des 8 %. Mais la banque a horreur des contraintes. Heureusement, l'« innovation financière » s'offre au contournement des obstacles réglementaires injustement mis en travers de son chemin. Vus depuis la perspective bancaire, les produits dérivés de la finance structurée offrent une autre sorte de victoire sur la pesanteur puisque, là où, pour les investisseurs, ils allégeaient le risque à rendement donné (ou faisaient s'envoler le rendement à risque donné), ici, ils allègent les bilans des banques dont ils sortent agréablement les crédits encombrants à porter car jugés inintéressants ou trop « consommateurs » de fonds propres. Si la banque s'est laissée aller à émettre du crédit un peu plus que de raison et à dégrader son ratio de solvabilité, une bonne opération de titrisation lui permet de rentrer dans les clous sans effort. La finance structurée se cache si peu de ses véritables intentions qu'elle a ouvertement donné aux CDO montés à cette fin le nom de « CDO de gestion de bilan » ou « CDO d'arbitrage réglementaire ». On « arbitre » donc avec les règlements – ici « arbitrer » veut dire « tourner » – et c'est à cette fin expresse que les véhicules des dérivés de crédit ont d'abord été conçus.

Mais, dira-t-on, à quoi rime d'émettre ou de sur-émettre du crédit si c'est pour s'en débarrasser aussitôt et, partant, renoncer à en toucher les intérêts – puisque les crédits en question, et les *cash-flows* qui leur sont attachés, font le plus souvent l'objet d'une cession ferme *(true sale)* au SPV qui va ensuite émettre les ABS ? N'aurait-il pas été plus simple et moins contourné de rester sagement immobile plutôt que de faire un pas en avant suivi d'un pas en arrière ? Le bon sens qui raisonne ainsi méconnaît que la finance fait ventre de tout, et plus exactement profit de tous mouvements, même de ceux qui en apparence ramènent au point de départ. C'est que l'industrie de la titrisation est une petite affaire fort rémunératrice : chaque fois qu'ils agencent une nouvelle structure de titrisation, les départements BFI (Banque de Financement et d'Investissement) touchent d'épaisses commissions *(fees)* pour leurs services d'ingénierie. Or, de 2003 à 2007, la manufacture à CDO a tourné à plein régime. C'est qu'il en fallait du débit de titrisation pour disperser dans la nature tous ces crédits immobiliers pourris, et refaire aux banques une virginité prudentielle. Car, on l'a compris, du point de vue du superviseur installé à Bâle[42] qui passe à la loupe les bilans des banques, tout se passe… comme s'il ne se passait rien ! Alors même que des volumes faramineux de crédits, qui plus est de la pire des qualités, sont propagés dans la nature, le ratio de solvabilité des banques reste tranquillement étale.

ABS ET CDO, DES MACHINES À RENTABILITÉ BANCAIRE

Mais il n'y a pas que les juteuses commissions de l'ingénierie financière ou l'agréable allègement des bilans. Il y a aussi que les banques sont saisies de l'envie de jouer pour leur propre compte avec les produits structurés que jusqu'ici elles fabriquaient pour compte de tiers. La concurrence a frappé : tout le monde veut imiter le modèle Goldman

Sachs du *proprietary trading* – et voilà les banques elles-mêmes, bouche ouverte, à la sortie de leur propre pipeline de titrisation.

Le mobile de la profitabilité s'ajoute donc, et puissamment, à celui de l'« arbitrage réglementaire » pour convaincre les banques de faire passer la titrisation à la phase industrielle. Et cela d'autant plus que certains CDO sont précisément conçus comme des machines à cash – on parle encore de CDO d'arbitrage, mais cette fois-ci non plus d'arbitrage *réglementaire* (catégorie pour laquelle l'appellation « CDO de gestion de bilan » est finalement préférable), mais d'arbitrage au sens le plus financier du terme, c'est-à-dire opération d'exploitation profitable d'un différentiel de prix. Quelle sorte de « différentiel » les CDO d'arbitrage exploitent-ils ? Celui du rendement des flux d'entrée du CDO et des flux de sortie de ses tranches les plus risquées-rentables. Soit un CDO [voir encadré ci-contre] dont l'actif, de valeur nominale 100, est constitué de dettes versant un intérêt égal à Libor* + 2 % – le Libor, ou *London Interbank Offered Rate*, est le taux que se consentent les banques quand elles se prêtent mutuellement, et est considéré par les acteurs de la finance comme un taux-référence, à partir duquel les taux des autres dettes sont comparativement comptés selon leur écart *(spread)*. Le passif du CDO est structuré selon les trois tranches habituelles. Au sommet de la hiérarchie, une tranche *senior* d'un nominal de 80 à laquelle est servi un taux égal à Libor + 0,75 % (comme elle est la tranche la plus protégée, il est normal qu'elle jouisse d'une rémunération inférieure à la rémunération moyenne de l'actif). Sous la tranche *senior*, deux tranches subordonnées, une *mezzanine* de nominal 15 et une *equity* de nominal 5. Le CDO reposant par principe sur un mécanisme de distorsion du transfert de rendement-risque entre l'actif et le passif (l'« entrée » et la « sortie » du Véhicule), il en résulte que ce sont les tranches subordonnées qui percevront la différence entre le rendement moyen de l'actif et le rendement (plus bas) servi à la tranche *senior* (dans l'exemple de l'encadré, les porteurs des titres *mezzanine* toucheront un rendement de Libor + 5,67 % et les porteurs de la tranche *equity* Libor + 11 %).

C'est précisément ce qui va conduire les banques « cédantes » (parfois aussi dites *sponsor*) à retenir elles-mêmes une partie des titres subordonnés, et le plus souvent dans la tranche *equity*, la plus juteuse, dont le volume minime rend supportable le très grand risque dont elle est porteuse. C'est pourquoi la proposition émise par certains d'obliger les banques titrisantes à conserver par devers elles les tranches les plus risquées de CDO, en espérant ainsi modérer la prise de risque au niveau des crédits bancaires initiaux, tombe à plat : bon nombre de banques le font déjà ! Et pour les mobiles qui sont précisément ceux des CDO d'arbitrage, à savoir récupérer ce que la finance nomme l'*excess spread*, c'est-à-dire la différence entre le rendement de l'actif et le rendement supérieur des tranches subordonnées du passif.

CDO D'ARBITRAGE (*EXCESS SPREAD*)

L'actif du CDO produit un flux financier de 2 (2 % du nominal 100). La tranche *senior* perçoit dans son ensemble un flux de 0,6 (0,75 % du nominal 80). Il reste donc un volume d'intérêt de 1,4 à répartir entre les tranches *mezzanine* et *equity*. Le nominal de la *mezzanine* est trois fois celui de l'*equity* (15 contre 5). Mais il est normal que l'*equity* reçoive plus qu'un tiers des 1,4 (soit 0,467) puisqu'elle porte davantage de risque. Supposons que l'equity reçoive un total de 0,55. Rapporté à un nominal de 5, il en résulte un rendement de Libor + 11 %. Il reste donc 1,4 – 0,55 = 0,85 d'intérêt pour la *mezzanine*, soit, pour un nominal de 15, un rendement de Libor + 5,67 %.

Tant qu'elle fonctionne, cette opération n'a que des propriétés avantageuses pour les banques. C'est qu'elles aussi ont des actionnaires sur le dos. Or les actionnaires réclament du rendement des capitaux propres. Formidable coup double : la titrisation, on l'a vu, permet de réaliser des économies de fonds propres prudentiels – donc de diminuer le dénominateur –, et les CDO d'arbitrage permettent de capter le profit de l'*excess spread* – donc d'augmenter le numérateur ! Rien de tel pour propulser les ROE (*Return On Equity*, c'est-à-dire taux de rendement des capitaux propres) vers les sommets [voir encadré ci-dessous]. (Il faut se méfier des divers sens du mot « *equity* ». Alors que dans *Return On Equity* il signifie « capitaux propres », dans la finance structurée il désigne des titres qui conservent, conceptuellement, un caractère pleinement obligataire, mais sont les plus risqués d'un CDO. Ce second usage, non seulement impropre en toute rigueur, mais source de confusions, n'est donc pas très heureux. Il ne doit d'avoir été adopté qu'au fait que les titres *equity* d'un CDO sont d'un remboursement final tellement improbable que, de ce point de vue, ils ont en commun avec les véritables capitaux propres de constituer des apports de fonds non remboursables.)

CDO ET *RETURN ON EQUITY* (ROE)

Soit une banque détentrice d'un portefeuille de 100 millions de créances quelconques payant un rendement moyen de Libor + 2 %. Elle peut, d'une part, conserver ce portefeuille dans son bilan. Mais, pour ce faire, elle doit immobiliser des capitaux propres à hauteur de 8 %, soit 8 millions. Si l'on suppose par ailleurs qu'elle se refinance à Libor *flat*, elle réalise un gain de 2 millions, soit un ROE de 2/8 = 25 %.
La solution alternative consiste à créer un CDO à qui est cédé le portefeuille. Considérons pour faire simple un CDO à deux étages seulement, avec une tranche *senior* de valeur nominale

98 et une seule tranche subordonnée de nominal 2. La tranche subordonnée est conservée par la banque *sponsor*. La tranche *senior* se voit octroyer un rendement, par exemple, de Libor + 0,75 %. Il en coûte donc 0,75 % de 98, soit 0,735 pour la rémunérer. L'*excess spread* est par conséquent de 2 – 0,735 = 1,265 entièrement capté par la tranche *equity*. Comme cette dernière est très risquée, la couverture en fonds propres prudentiels doit être intégrale (100 % au lieu des 8 % « normaux »). Il en résulte donc une consommation de fonds propres de 2 pour une rémunération de 1,265, soit un ROE de 63,25 %...

LES « PROFESSIONNELS DU RISQUE »... NE VEULENT PLUS DU RISQUE

Aussi bien les contraintes réglementaires, qui poussent à l'économie de fonds propres, que les pressions actionnariales, qui poussent à la maximisation de leur rentabilité, conduisent irrésistiblement les banques dans la pente de la titrisation. L'obsession du *high yield* est donc présente aux deux bouts de la chaîne. À l'extrémité « offre », celle des banques qui pratiquent la titrisation de « gestion de bilan » afin de conserver en ligne leurs ratios prudentiels. À l'extrémité « demande », celle des investisseurs qui ne voient pas plus loin que le prodige d'un produit de risque AAA offrant un rendement BBB, parfois même davantage... rejoints par ces mêmes banques qui retiennent les tranches *equity* et jouent l'*excess spread* pour fouetter leur ROE ! Mais la mécanique de détail, et l'ensemble des incitations qui, venues de l'amont comme de l'aval, poussent à la faire tourner à plein régime, ne doivent pas faire perdre de vue un étrange « paysage du risque » tel qu'il apparaît dès qu'on l'observe, non plus au ras de la technicité des produits dérivés, mais avec un peu plus de recul.

Étrange, en effet, ce comportement des banques, jadis considérées comme les professionnels du portage du risque, et qui n'ont maintenant rien de plus pressé que de les émettre pour aussitôt s'en débarrasser. Le propre du métier de banquier ne résidait-il pas dans la sélection des risques et leur accompagnement jusqu'à la maturité des crédits? L'occasion est donc offerte d'observer tout ce qui sépare la finance bancaire de la finance de marché, et aussi le degré auquel la seconde a perverti la première. Que l'univers bancaire se soit trouvé entièrement déporté vers les marchés comme pôle de rentabilité magnétique, on le savait déjà. On découvre ici que cette fatale attraction retentit profondément sur la disposition des banques vis-à-vis du risque et sur la terrible distorsion qu'impose à leurs comportements en cette matière l'idée directrice de la finance de marché: la liquidité.

L'obsession de la liquidité: s'engager…
mais à condition de pouvoir se dégager

Définie platement, la liquidité* est la possibilité offerte par un marché d'en sortir à tout moment sans que la transaction réalisée à cette fin n'ait d'impact sur le prix courant. Un marché liquide est donc un marché dont le prix instantané définit et garantit les conditions de l'*exit*. Or la liquidité est le Nord des investisseurs, la condition *sine qua non* de leur engagement, car elle est une promesse de *réversibilité*: sortir «comme on veut». En cela, le schème de la liquidité détermine la forme extrêmement particulière, on pourrait même dire oxymorique, sous laquelle la finance de marché conçoit l'«engagement». Car le seul engagement que soient prêts à consentir les investisseurs sur les marchés de capitaux est celui qui jouit d'une garantie permanente de retrait immédiat et *ad libitum*… Là où l'idée même d'engagement suppose l'acceptation d'un certain degré d'irréversibilité, la finance de marché récuse absolument le rétrécissement du champ de ses options, et particulièrement de ses options de sortie! André Orléan, qui de ce point de vue apparaît comme l'un des plus authentiques continuateurs de Keynes, a souligné le caractère profondément antisocial de la quête obsessionnelle des positions liquides[43]. Cette option que les investisseurs veulent constamment ouverte, option de pouvoir à tout instant retourner à la monnaie par la réalisation d'actifs « liquides », est la posture même de l'individualisme radical, c'est-à-dire délié de toute obligation durable[44]. Si l'on cherche la forme pure et poussée à son plus haut degré d'accomplissement de l'individualisme, pas d'erreur : c'est dans la finance de marché qu'il faut aller l'observer.

« J'investis », déclare martialement l'investisseur-de-marché. Mais surtout pas en actifs physiques. Qu'on ne compte donc pas sur lui pour prendre des paris entrepreneuriaux : trop lointains, trop aléatoires ; ses capitaux s'y trouveraient *immobilisés* et exposés à tous les vents mauvais de l'économie réelle. Les seuls actifs qu'il accepte en portefeuille sont les actifs mobiles et négociables qui s'échangent sur les marchés financiers. On comprend peut-être mieux pourquoi l'anglais traduit « titres » par « *securities* ». Et aussi pourquoi on a parlé de « mobiliérisation » à propos de la titrisation. Car l'activité bancaire s'est d'abord trouvée cousine de l'activité productrice, au moins au sens où, une fois les crédits ouverts, ils restaient là, immobiles, dans les livres. Mais le spectacle des marchés liquides a fait naître quelques envies du côté de la banque – ne plus rester « collé », devenir à son tour flexible, c'est-à-dire en position réversible. Et voilà que la fée « innovation » s'offre à réaliser les rêves. La titrisation est inventée et elle produit ses divins effets : elle « mobiliérise » – elle rend mobile ce qui était immobile. Les crédits « mobiliérisés » peuvent maintenant courir sur leurs petites jambes et quitter les bilans bancaires qui s'en trouvent d'un coup plus légers. Reste pourtant cette impression bizarre : les banques, qui étaient censées en être les gestionnaires par excellence, ne veulent plus du risque.

À défaut de se débarrasser des risques, les assurer: les CDS

Se défaire du risque: tous les produits dits «dérivés de crédit» n'ont que cette idée en tête. Les ABS et autres CDO offrent aux banques de les soulager de crédits trop durables, mais, s'échangeant ensuite sur des marchés, ils prolongent indéfiniment la possibilité de la défausse puisqu'un investisseur qui en aurait souscrit peut les revendre à sa convenance… tant que le marché est liquide. Dans le même esprit, commençant par les deux mêmes lettres, mais d'une facture fort différente, l'autre grande vedette des «dérivés de crédit» aura été le CDS – *Credit Default Swap.* Il faut alors revenir un instant dans le registre technique pour ajouter au tableau d'ensemble cette pièce qui n'est pas la moins importante.

Un CDS n'est pas autre chose qu'une police d'assurance contre un risque de crédit* quelle qu'en soit la nature, crédit bancaire ou dette obligataire. Là où les CDO opéraient sur de vastes *pools* de créances, le CDS fait dans le pointillisme et couvre un risque et un seul, par exemple telle ligne obligataire de telle grande entreprise. Le schéma de base est donc celui-ci: un agent A détient une créance sur un tiers qu'on appelle l'«entité de référence». A perçoit les versements d'intérêt, mais se trouve simultanément exposé au risque de défaut de son débiteur (l'entité de référence) au terme de quoi non seulement les paiements s'interrompraient mais la valeur nominale de l'obligation serait annulée du fait du non-remboursement. Le CDS offre alors la possibilité au créancier A de faire porter le risque de défaut par un «vendeur de protection» B, et cela moyennant le paiement d'une prime [voir encadré ci-contre].

C'est la survenue d'un «événement de crédit» qui active la protection à proprement parler. Que faut-il entendre par «événement de crédit»? La définition de la chose fait normalement l'objet d'un soin juridique tout particulier, chaque contrat de *swap* spécifiant la liste détaillée des

CREDIT DEFAULT SWAP (CDS)

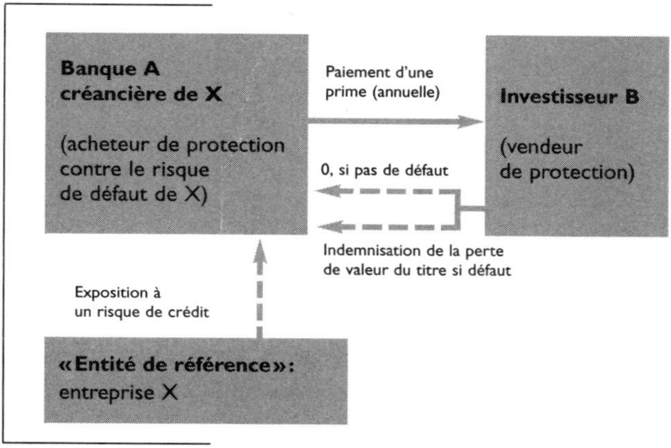

occurrences pour lesquelles il offre une protection: faillite pure et simple de l'entité de référence, défaut de paiement sur les intérêts ou sur le principal, rééchelonnement et restructuration de la dette, changement de devise, modification de subordination (c'est-à-dire de l'ordre de priorité selon lequel le débiteur doit servir ses créanciers), etc., bref tout ce qui est de nature à perturber l'échéancier initial de ses paiements et à occasionner une perte de valeur du titre obligataire par rapport à son nominal (la valeur initiale à laquelle le créancier A l'a souscrit). C'est précisément ces risques que le contrat de CDS vise à couvrir. Lorsque survient l'« événement de crédit », l'acheteur de protection A (le détenteur du titre de créance sur l'entité de référence) cesse de verser la prime, et le vendeur de protection B l'indemnise du défaut, soit en lui payant en liquide la valeur nominale de la créance assurée, contre livraison des titres décotés *(physical settlement)*, soit en réglant la seule décote *(cash settlement)* – voilà donc le porteur de titre assuré contre toutes les moins-values.

La croissance explosive des encours de CDS est, pour une part, l'expression de cette phobie du risque. Créés en 1995 par JP Morgan, l'encours des CDS atteint 3,58 trillions (milliers de milliards) de dollars fin 2003 ; 42,6 en juin 2007. Ils sont à 62 trillions de dollars à la mi-2008[45]... On pouvait certes se débarrasser des risques par les voies de la titrisation, mais c'est une procédure assez lourde : il faut avoir non pas un seul risque mais un *pool* de risques pour constituer l'actif d'un CDO, en passer par la création du SPV*, acquitter les frais d'ingénierie financière, etc. Le CDS est l'outil d'une parfaite flexibilité, utilisable sur mesure et au cas par cas. Et puis, à l'autre bout de la chaîne – comme pour les CDO –, la demande est assurée. C'est que les CDS constituent en soi des actifs très susceptibles d'intéresser des investisseurs : les CDS payent une prime, certes moyennant le portage du risque de défaut de l'entité de référence dont, précisément, l'acheteur de protection a voulu se débarrasser. Mais d'une part, si les choses tournent mal, ou plutôt si l'anticipation qu'elles tournent mal est faite suffisamment à temps, il sera toujours possible de revendre le CDS puisqu'il est un actif négociable, et de se défausser à son tour. Et tant qu'elles tournent bien, le CDS offre cet avantage extraordinaire de rémunérer son détenteur (le vendeur de protection B) avec les primes versées par l'acheteur de protection A, et cela *sans que B ait la moindre avance de fonds à effectuer* ! – raison même pour laquelle on qualifie ces produits d'*unfunded*, c'est-à-dire « libres d'avance en capital ». Ce n'est qu'en cas d'« événement de crédit » que B devra mobiliser des capitaux – pour compenser la moins-value du titre qu'il a promis d'assurer. En attendant, le CDS est un actif qui rapporte (les primes)... à partir de rien : rentabilité théorique infinie ! Bien sûr, en pratique, il faut provisionner du capital pour faire face aux possibles « événements de crédit ». Mais ceux des investisseurs qui ne sont pas soumis à régulation prudentielle apprécieront comme ils voudront le niveau de ce provisionnement. Et la négociabilité, c'est-à-dire la possibilité de se défaire du CDS, n'encourage pas à le fixer très haut…

Empiler les boucliers

C'est tant mieux que les investisseurs aiment les CDS. Car du côté des porteurs de risque qui ne veulent plus porter des risques, on cherche frénétiquement des contreparties auprès de qui s'en défaire. Les CDS autorisent donc à souscrire des titres obligataires, en toucher les intérêts, certes diminués des primes payées à « l'assureur », et ne plus craindre la déconfiture de son débiteur ni les moins-values sur ses obligations. Monte alors le sentiment grisant de l'invulnérabilité totale : dans le domaine des risques de crédit, *tout* peut être couvert, l'aléa est entièrement maîtrisé, nous avons les boucliers et ils ne laissent plus rien passer. Au demeurant, et comme on n'en a jamais fini avec la tâche de se rassurer, les boucliers peuvent toujours être empilés. Hybridation des produits de titrisation et des produits assurantiels, les CDO dits « synthétiques » combinent CDO standard et CDS, le *pool* des actifs initiaux n'étant pas directement « tranché » comme d'habitude, mais couvert par des CDS dont les primes vont alimenter l'actif du Véhicule[46]. Le léger tournis qui s'empare à ce moment du lecteur non spécialiste est plutôt bon signe. En théorie, pourtant, ce ne devrait être que le commencement de ses vertiges, car ABS, CDO, CDS et CDO synthétique, c'est vraiment le *minimum minimorum* des produits dérivés de crédit. Derrière ces briques de base, il y a la prolifération en tous sens des déclinaisons, des hybridations et des inventions biscornues : TRS *(Total Return Swap)*, CMDS *(Constant Maturity Default Swap)*, EDS *(Equity Default Swap)*, CDO à levier et BISTRO *(Broad Index Secured Trust Offering)*, la liste – qu'on pourrait allonger sur simple demande – n'a que vocation à suggérer la complexité buissonnante de ces produits, dont le simple fonctionnement requiert, pour être maîtrisé, de sérieux efforts – pour ne rien dire ni des modèles de leur évaluation *(pricing)* ni de leur mesure de risque. C'est bien là que l'accumulation des procédés de couverture du risque de crédit commence à se retourner en son contraire.

LES FAUSSES PROMESSES DES DÉRIVÉS DE CRÉDIT

On pouvait en effet trouver déjà assez paradoxale cette forfanterie chronique de la finance qui se déclare passionnée du risque quand tous ses comportements effectifs sont de défausse et de couverture. Mais le paradoxe s'élève pour ainsi dire au carré au moment où il apparaît, d'une part, que de cette multitude de stratégies individuelles d'évitement du risque résulte par un effet de composition aussi pervers qu'imprévu une très réelle explosion du risque global et, d'autre part, que les couvertures individuelles, supposées à toute épreuve, ont plus souvent qu'à leur tour l'allure de passoires.

Que le recours massif à cette forme de protection contre le risque de crédit par la titrisation ait abouti à son exact contraire, à savoir l'accumulation hors normes d'un volume global de risques, c'est ce que l'affaire des ABS et des CDO de subprimes a déjà abondamment montré. Mais, dira-t-on, plutôt que d'avoir disparu, l'instance de la sélectivité n'a-t-elle pas simplement migré et, à la place des banquiers, ne sont-ce pas les investisseurs qui en ont le souci puisqu'ils sont les acheteurs de ces produits dérivés? À ceci près que, du fait de leur complexité, les investisseurs s'en sont presque entièrement remis aux avis des agences de notation, trop contents de croire sur parole leurs évaluations mirifiques jurant que les tranches *senior* de CDO étaient inoxydables. À quoi s'ajoute que la négociabilité des dérivés, qui peuvent à nouveau être cédés presque instantanément après avoir été souscrits, prolonge côté investisseurs le principe de défausse déjà mis en œuvre côté banquiers. En sorte que, d'un bout à l'autre de la chaîne, il n'y a plus un seul porteur stable et identifiable. Chacun s'estimant protégé par son option de sortie – titrisation pour les banques, négociabilité pour les investisseurs –, plus personne n'a le souci ni du contrôle quantitatif ni du contrôle qualitatif de l'émission de nouveaux risques de crédit. Sans surprise, ceux-ci explosent en volume en même temps qu'ils s'effondrent en sélectivité.

Cet effet de composition où chacun, croyant jouir d'une assurance individuelle, contribue avec tous à la fragilité collective, ne doit pas cacher qu'à l'échelle de chaque agent, pourtant, la promesse de protection était véreuse dès le départ. Car l'extraordinaire accumulation-dispersion des produits dérivés, ainsi que leur complication croissante, font de l'évaluation du risque porté par chacun une gageure. Immobilisés dans les bilans des banques, les risques de crédit avaient le bon goût d'être non seulement localisables mais évaluables par les moyens habituels de l'analyse financière et du *scoring* bancaire. Après les innombrables transformations mélangeantes que leur ont fait subir les ABS, les CDO d'ABS et les CDO de CDO, nul n'a plus la moindre idée de ce qu'il détient vraiment, et il est devenu proprement impossible de tracer les crédits initiaux que les titrisations successives ont pulvérisés au quatre coin de l'univers financier.

Combien vaut tout ça?

Telle est bien l'origine de l'extraordinaire crise de défiance qui a paralysé les banques et brutalement grippé le marché interbancaire, celui où les banques confrontent leurs excédents et leurs besoins de liquidités. Incapables de savoir à quel degré les autres étaient exposées au risque de crédit, et représentaient pour elles un risque de contrepartie*, les banques ont refusé de se prêter réciproquement, chacune de ces crises aiguës s'exprimant dans la montée en flèche du taux d'intérêt interbancaire. C'est dire la gravité de la crise! Si les banques, qui constituent normalement les débiteurs les plus robustes, ce dont témoigne le fait que les taux qu'elles se consentent mutuellement sont les plus bas, en sont à ne plus se prêter qu'avec méfiance, de peur tout simplement de n'être pas remboursées – comme par un vulgaire client! –, c'est qu'une incertitude extrême règne sur la localisation des risques. Et en effet cette incertitude est nourrie par l'anticipation inattendue, mais pourtant bien fondée, que l'extrême dispersion des produits dérivés de crédit pourrait paradoxalement avoir conduit à une reconcentration des risques, mais dont personne ne peut dire vraiment où elle s'est opérée. Que cet effet ait eu lieu, il y a bien des raisons de s'en convaincre, la première étant que les banques, non contentes de titriser leurs crédits, ont ensuite adopté pour nouvelle stratégie de profitabilité d'investir elles-mêmes dans les produits de la titrisation. C'est pourquoi du CDO et de l'ABS, elles en ont eu à revendre en magasin: les titres qui sortaient manufacturés par la porte des départements BFI rentraient par la fenêtre des *hedge funds* « maison », quand ce n'était pas des mêmes départements…

Pour se faire une idée plus parlante du degré d'incertitude qui aura régné à ce propos pendant les dix mois qui ont suivi l'éclatement de l'été 2007, il faut savoir que les banques n'auront pas seulement vécu dans la plus grande incertitude quant à la situation réelle de leurs consœurs… mais également quant à la leur propre! Et c'est sans doute là le comble: quand est venu le temps des révisions déchirantes et qu'il a fallu non seulement faire l'inventaire de la marchandise pourrie en rayons, mais tenter d'en évaluer la valeur résiduelle, la grande perplexité a précédé le grand silence… On croyait qu'à défaut d'apprécier convenablement leur risque, on était au moins capable d'avoir une idée de la valeur courante de ces titres. Même pas. Car la valorisation des produits dérivés s'effectue d'abord *concrètement*, c'est-à-dire dans l'échange. Comme dit l'inimitable sabir de salle de marchés, le *pricing* est *marked-to-market** – traduire : la valeur est celle-là même qu'indique le prix courant auquel les produits sont vendus et achetés. Mais encore faut-il qu'il y ait des échanges ! La condition peut paraître triviale ; elle ne l'est en fait pas du tout. Du jour où la croyance « triple-A » s'effondre, tout le monde veut s'en débarrasser et se rue vers la sortie. Mais un marché où il n'y a plus que des vendeurs et plus un seul acheteur cesse d'exister séance tenante. On assiste alors à ce phénomène peu banal et hautement spectaculaire de la congélation complète de plusieurs segments de marché, tout particulièrement ceux des CDO. Si plus de marché, plus de *mark-to-market*... Comment faire dans ces conditions pour valoriser les portefeuilles gonflés à craquer avec lesquels les banques restent « collées » ? En bonne logique libérale, si le marché est roi, ses verdicts sont sans appel : impossibilité de vendre faute d'acheteur implique prix de marché = 0. Tout rond. Mais pour les banques qui en ont jusqu'au toit, c'est un peu violent. Heureusement, les hérauts du marché ont la doctrine à géométrie variable. Si le *marking-to-market* est impossible – ou plus exactement déclaré impossible parce qu'il est trouvé trop raide –, on procédera autrement. À défaut du marché, on tirera un prix artificiel – car sans correspondance avec une épreuve marchande – des modèles mathématiques de valorisation des actifs. Les prix ne seront plus *marked-to-market* mais *marked-to-model*. C'est déjà beaucoup plus confortable : au moins les modèles ne diront pas « 0 », si on le leur demande comme il faut. Pour autant ces « prix de laboratoire » s'obtiennent moins facilement qu'en appuyant sur un bouton. Car les grandes dévalorisations de la crise viennent précisément de démontrer l'inanité des hypothèses retenues jusqu'ici par lesdits modèles. Tout le travail est donc à refaire, titre par titre. Les banques vont ainsi demeurer silencieuses jusqu'à la fin de l'automne 2007 à refaire leurs calculs… et, dans l'intermède, simplement incapables de dire combien valent leurs actifs ni combien elles ont perdu !

CDS : qui assure qui ?

Un malheur n'arrivant jamais seul, le risque financier se complique de risques juridiques. « Nous sommes couverts », plastronnaient les créanciers ayant acheté une protection de type CDS. Mais au fait, par qui ? « Par l'investisseur à l'autre bout du contrat et qui a vendu la protection, bien sûr. » Il est d'ailleurs assez important de le connaître, cette connaissance rendant possible une appréciation du risque de contrepartie*: certes, l'acheteur de protection est immunisé du défaut de l'entité de référence*, mais *quid* si le vendeur de protection venait lui-même à défaillir également ? La protection par CDS substitue donc un risque de contrepartie à un risque de crédit – on n'en a jamais tout à fait fini avec le risque. Quand le vendeur de protection (l'assureur) est une banque bien notée, cette substitution a quand même des effets de diminution du risque [voir encadré ci-dessous].

CDS ET RISQUE DE CONTREPARTIE

Une banque détenant un risque *corporate* (une obligation d'entreprise) est soumise à la réglementation prudentielle la contraignant à constituer une réserve de capital de 8 % (ratio McDonough). Mais, tous les risques ne se valant pas, ils font chacun l'objet d'une pondération spécifique. Certains, plus faibles, seront pondérés à 50 % seulement – un encours de 100 ne nécessitant alors que 4 (au lieu de 8) de fonds propres. D'autres, plus grands, seront surpondérés, par exemple à 150 % – le même encours de 100 appelant 12 de couverture en capital. La banque qui fait assurer son risque par un CDS ne peut pas le compter pour 0 % puisqu'elle reste exposée au risque de contrepartie de son « assureur ». Mais si ce dernier est une banque de première catégorie, très bien notée, les barèmes de Bâle II autorisent à ne le pondérer qu'à 20 % – juste 1,6 de couverture et une belle économie de fonds propres.

Oui mais voilà, le CDS est un actif négociable, et « négocier », en l'occurrence revendre, les investisseurs ne s'en privent pas. Si donc, à l'origine, l'acheteur primaire de protection peut connaître sa contrepartie, et se faire une idée assez exacte du degré réel de couverture et du risque-substitut que lui procure le CDS, cette sérénité informationnelle ne dure pas très longtemps : elle cesse sitôt que le vendeur de protection originel se débarrasse à son tour du CDS pour le céder à un nouvel opérateur, strictement inconnu de l'acheteur primaire de protection, qui d'ailleurs n'a aucun moyen de savoir si le CDS a été conservé ou revendu par sa contrepartie initiale. Il n'y a bien sûr aucune raison pour que le CDS en reste à cette seule revente. Le voilà donc qui va voyager de main en main, au gré des transactions successives dont il est l'objet. Inutile de le dire, l'acheteur primaire de protection n'a plus la moindre idée d'où se trouve son CDS ni de qui vraiment est sa contrepartie : il est donc strictement incapable de savoir qui est ou sera l'agent porteur du CDS au moment où se produira le défaut de l'entité de référence, ni quelle sera la robustesse de cet agent au moment décisif et s'il sera en mesure de remplir son office d'assureur. Autant dire que la mesure de son risque de contrepartie, et sa provision subséquente de fonds propres prudentiels, faites d'après la connaissance de la contrepartie initiale, n'ont plus aucun sens. L'acheteur primaire de protection peut donc bien se rassurer en se disant qu'il a couvert son risque de crédit initial, mais à condition d'y croire beaucoup. Si, à la mi-2008, le marché des CDS continue certes de prospérer, cette prospérité doit surtout au fait qu'il n'a pas encore été véritablement « testé », et l'illusion de la couverture par CDS attend encore le moment de sa dissipation brutale. Que le taux de défaut sur les risques de crédit assurés (entreprises ou banques) bondisse et l'on pourrait commencer à entendre de francs appels au secours.

Certains d'ailleurs prennent déjà les devants, en une révision qui vaut comme un aveu du degré de confiance à accorder aux CDS « à l'épreuve ». En juillet 2008, le rehausseur de crédit *(monoline*)* XL Capital, grand vendeur de protections sous forme de CDS, préfère négocier avec son « assurée » Merrill Lynch un accord de règlement pour être relevé… de ses obligations d'assureur – qu'il est parfaitement incapable d'honorer – sur un portefeuille de 3,7 milliards de dollars de CDO, le tout contre un dédommagement forfaitaire de 500 millions. La grande révision des couvertures est en fait lancée depuis la fin juin 2008, et les principaux rehausseurs, Ambac, MBIA et FGIC, ont ainsi pour objectif de faire annuler 125 milliards de protections vendues sur les titres de la finance structurée, essentiellement des CDO de subprimes. Très logiquement, les pertes massives sur les dérivés de crédits hypothécaires sont remontées jusqu'à eux, puisqu'ils sont devenus les porteurs de risque, par CDS interposés. Des assureurs et des assurés, on ne sait d'ailleurs plus trop qui sont les principaux demandeurs de ce genre de *deal*. Si une négociation peut avoir lieu sur un enjeu aussi sensible que l'assurance de pertes en période de crise aiguë, c'est bien que les *deux* parties y ont chacune un intérêt. Celui des banques tient au fait que les coûts astronomiques qui résultent ou résulteraient pour les *monolines* du plein jeu des assurances conduiraient ces derniers à prendre des pertes si colossales qu'elles rendraient inévitable la dégradation de leur propre notation financière. En tant qu'assureurs, les *monolines* se doivent en effet réglementairement d'être eux-mêmes notés triple-A. Mais début juin 2008, le mal est déjà fait : constatant les pertes, potentielles et déjà prises, les agences de notation, comme souvent pressées de se refaire une virginité après une éclatante démonstration d'incurie, abaissent Ambac et MBIA de triple à double-A. Or ceci est un problème, non seulement pour les assureurs directement, mais pour les banques assurées tout autant. Car, pour celles-ci, le but de la manœuvre, dans une opération de rehaussement de créances, est de substituer dans leurs bilans le risque, plus faible, de l'assureur, au risque des produits assurés [voir *supra* encadré p. 84]. La perte par les assureurs de leur excellente notation retentit donc sur tous les titres assurés, dont le risque doit être instantanément réévalué dans les bilans bancaires, et cela non seulement pour les CDO « à problèmes », mais également pour tous les autres actifs couverts, quelle qu'en soit la nature. Le choc sur les assureurs retentit donc immédiatement sur les assurés, les banques, qui doivent alors dévaloriser un peu plus leurs actifs, provisionner davantage de capitaux propres pour maintenir leurs ratios de solvabilité, voir en conséquence leurs ROE* chuter un peu plus bas, etc. On comprend mieux qu'après sa première opération de juillet 2008, Merrill elle-même soit à la recherche de 800 millions de règlement supplémentaires avec d'autres *monolines*, et tout le monde suit ces négociations comme possible modèle d'une stratégie d'oubli honorable des promesses de couverture des CDS. Les mécanismes de la finance des dérivés de crédit sont donc remarquables… jusqu'au moment où on les sollicite vraiment et où, incapables de jouer, ils doivent céder la place à de rustiques négociations.

CDO : la « guerre des tranches »

Les CDS ne sont pas seuls à poser des problèmes au moment de la matérialisation des « événements de crédit ». Les CDO également réservent quelques surprises désagréables, à découvrir quand les choses se gâtent. Un peu comme dans les contrats d'assurance, il semble que les clauses décisives soient vouées à n'être mentionnées que dans les notes de bas de page et en tout petits caractères. Ce n'est pas que les investisseurs ne les aient pas lues, mais plutôt qu'ils n'ont pas imaginé un instant se retrouver dans un monde où elles deviendraient actives. Pour un CDO, la charte juridique du *Special Purpose Vehicle (SPV*)* est le document stratégique par excellence puisqu'elle définit les termes généraux de la subordination : quels événements de crédit déterminent quelles tranches à être affectées et dans quel ordre. Or, tout à leur joie d'avoir découvert la machine à vaincre la pesanteur des rendements, les investisseurs n'ont pas prêté une attention excessive à certaines clauses « déclencheurs », activées notamment par la dégradation de certaines des créances de l'actif du CDO, et ayant pour effet de remettre tout contrôle sur l'ensemble des revenus de la structure aux seuls détenteurs des tranches *senior*. Il est vrai que le dispositif est particulièrement filou puisqu'il n'a pas besoin pour s'enclencher que se produise un défaut véritable sur certaines composantes de l'actif, mais répond à des signaux avant-coureurs plus ténus, comme la simple révision à la baisse de la note de certaines créances, en offrant aux investisseurs déjà les plus avantagés par la hiérarchie de séniorité* les moyens de se prémunir au mieux de toute dégradation ultérieure. Ces derniers peuvent alors demander l'accélération des paiements du CDO, voire sa liquidation anticipée, pour couper leurs pertes dans les moins mauvaises conditions, laissant les porteurs des tranches subordonnées sans la moindre chance de pouvoir « se refaire » et avec la certitude que la liquidation se fera pour eux dans les pires conditions. L'euphorie qui faisait communier tous dans la félicité fait place dans la déveine à de féroces luttes d'*exit*, dans un climat de contentieux juridiques qui prendront beaucoup de temps à être résolus et ne feront la joie que des avocats d'affaires – à défaut des investisseurs, voués à se battre comme des chiens pour récupérer quelques lambeaux de leurs mises initiales au milieu des ruines fumantes des CDO, il y a au moins une corporation à qui bénéficiera à coup sûr ce que le *Financial Times* nomme, non sans humour, la « guerre des tranches[47] »...

Les marchés de dérivés sont donc le lieu de tous les paradoxes. D'une part, l'empilement des protections produit son exact contraire, soit que la composition des comportements d'agents élève le risque global quand chacun croit baisser son risque individuel, soit que les stratégies individuelles de couverture se trompent elles-mêmes en méconnaissant l'ampleur de leurs propres failles. Il apparaît surtout qu'en matière de risques, comme en d'autres, ceux qui « en » parlent le plus sont ceux qui en font le moins. Et, alors que les opérateurs de la finance multiplient les couvertures parce que, devenus rétifs à l'idée de la moindre exposition, ils se protègent littéralement de tout – risques de crédit, de contrepartie, de taux, de change, et de tous les prix possibles et imaginables –, les seuls agents à demeurer véritablement en position « ouverte », les seuls authentiques porteurs de risque sont... les agents de l'économie réelle, ménages et entreprises – et encore, de ces dernières, on exclura les plus grosses qui minimisent le risque par la constitution de positions concurrentielles quasi monopolistiques et qui, pour le reste, jouent elles aussi la carte des produits dérivés. Les ménages ne vivent-ils pas depuis toujours exposés au risque des aléas de la conjoncture, des variations intempestives des prix de l'immobilier, de l'énergie, et maintenant de l'alimentation? Et qui les assure contre cela? Personne. Et personne non plus pour trouver que les agents les plus sophistiqués jouissent de toutes les protections possibles et que les plus vulnérables n'en aient aucune.

Quant aux entreprises, comment couvriraient-elles un pari technologique ou un investissement de capacité pour aller à la rencontre d'un nouveau marché ? Banquiers et investisseurs hurlent qu'on les assassine si on leur retire leurs couvertures chéries, mais ont-ils encore en tête que lancer un nouveau produit, par exemple, c'est se mettre en position ouverte, pour quelques bonnes années et sans protection possible ? Ne serait-il donc pas temps de retourner contre les soi-disant « professionnels du risque » leur propre doxa, telle d'ailleurs qu'ils mettent leur plus grand soin à l'ignorer : l'essence de l'économie de marché, en tout cas pour ceux qui s'en font les hérauts, c'est normalement la disposition *forward looking*, le pari sur un avenir radicalement incertain et la *position ouverte*.

Ces évidences premières, la banque, désormais contaminée à cœur par les pratiques de la finance de marché, s'efforce sans cesse de les faire oublier. Quels cris n'entend-on pas lorsque l'on propose de mettre un terme à la prolifération financière ! « Elle est utile, elle est indispensable, sans elle comment couvrirons-nous nos risques ? » – on dirait presque la défense d'un acquis social. Mais les banques n'ont-elles pas eu pour métier, du moins jusqu'au début des années 1990, de sélectionner des emprunteurs, de leur octroyer des crédits, de les conserver et de les suivre jusqu'à maturité ? Pendant des siècles, nulle titrisation ne s'est offerte à l'évitement de leur exposition, et le portage du risque de crédit a fait partie intégrante de leur activité – qui ne se sentait pas de l'assumer avait tout simplement la possibilité de faire un autre métier. On n'est donc pas obligé d'ajouter foi à cette singulière rhétorique qui voudrait faire oublier cette histoire bancaire d'avant la titrisation, ces siècles de crédits portés, qui voudrait faire croire que le métier de banquier n'a trouvé sa véritable forme que depuis quinze ans, que la titrisation en est une composante essentielle, vitale même puisqu'il serait simplement inconcevable que la banque fasse maintenant un pas sans elle. Et il ne devrait pas être trop difficile de se convaincre que ce que la banque a fait si longtemps sans la titrisation, elle pourrait parfaitement le faire à nouveau.

LA FINANCE, AUTISTE ET ENTROPIQUE

Mais, laissée à ses tendances spontanées, la finance s'éloigne irrésistiblement des normes communes de l'économie réelle. Comme s'il lui restait un vieux fond de scrupule, ou un doute jamais résorbé quant à sa propre légitimité, l'« innovation » financière pourtant ne s'est pas encore libérée du besoin de se justifier par le service qu'elle rendrait à l'économie réelle. L'histoire offre ainsi à tous les manuels consacrés aux produits dérivés la faveur d'un récit des origines où de valeureux entrepreneurs ont légitimement à cœur de se protéger des variations des prix de leurs matières premières ou de leurs produits finis à livrer. Ainsi naissent, rapporte la légende, les transactions *forward* (à terme), ancêtres des contrats *futures* qui s'échangeront ensuite sur des marchés organisés. Et l'histoire est factuellement vraie. Mais c'est d'en faire le moment héroïque où l'innovation financière fait irruption sur la scène de l'histoire, en tendant la main aux entrepreneurs, qui la transforme en légende. Il n'est que de voir la rapidité avec laquelle cette vocation de service, rappelée comme un alibi, s'efface des très minces premières pages que leur consacrent les ouvrages de la finance pour céder la place à une présentation des produits visiblement moins faite pour les « valeureux entrepreneurs » du début que pour les professionnels du *pricing* et du *trading* – c'est-à-dire pour la spéculation. Bien sûr, selon une habitude solidement établie, la finance trouve toujours de quoi justifier l'évolution des produits vers des finalités et des usages «de marché» plus marqués. Ainsi, par incréments argumentatifs successifs, on passe sans même s'en rendre compte des couvertures de risque de l'économie réelle à la création des conditions d'un jeu spéculatif presque entièrement autonome. Le passage des *forwards* aux *futures*, par exemple, est aisément «justifié» par la nécessité de standardiser les contrats, pour rendre possible leur cotation sur des «marchés organisés», et ainsi en garantir la liquidité. Or cette organisation des transactions en vue de la liquidité distord inévitablement les usages de ces produits qui prennent de plus en plus le statut d'actifs négociables en soi, auxquels la spéculation s'intéresse du seul fait que leurs prix vont varier et qu'il en résultera des opportunités de plus-values, mais indépendamment de leur finalité originelle de couverture. Et si l'idée de couverture demeure tout de même dans le paysage, ce n'est plus tant à l'usage des agents de l'économie réelle, pour qui ces produits sont d'abord supposés avoir été créés, mais pour les spéculateurs eux-mêmes qui auront à couvrir des positions ouvertes… sur ces produits dérivés devenus actifs spéculatifs. En résumé, que les produits dérivés couvrent des risques réels est devenu indifférent ou presque, car ce n'est plus à ce jeu-là que jouent la majorité des intervenants sur ces marchés: ils jouent à spéculer sur ces produits et c'est pour ce genre d'activité qu'il demeure «indispensable» d'avoir de quoi se couvrir. Terrible court-circuit: à quoi servent les produits dérivés? Réponse: à couvrir des positions sur les produits dérivés…

De son propre aveu, Yves Simon, professeur à Dauphine, reconnaît qu'il est difficile de faire la part entre les opérations sur produits dérivés ayant pour objet de couvrir des risques de l'économie réelle et celles ne répondant qu'à des stratégies de spéculation. À la vérité, cet aveu ne lui coûte pas cher, cette ignorance est même des plus opportunes. Elle évite notamment de voir ce que tout le monde pressent aisément, à commencer par les opérateurs de ces marchés : l'écrasante part des transactions spéculatives par rapport aux opérations de couverture « réelle », et dont on peut avoir une intuition à simplement mettre en regard les 43 trillions (milliers de milliards) de dollars du PIB mondial et les 676 trillions d'encours de produits dérivés[48]. Bien sûr, rien de tout cela n'empêche les intellectuels organiques de la finance de dérouler leurs plaidoyers « contre-intuitifs » en faveur de la spéculation : « pour que ceux qui veulent couvrir des risques réels puissent trouver des contreparties, c'est-à-dire des agents prêts à acheter les contrats *futures* qu'ils désirent vendre (ou l'inverse), il faut bien qu'il y ait en face des spéculateurs dont ce sera précisément le rôle » – presque la vocation, car on ne le dit pas assez, la spéculation qui garantit la liquidité des marchés est d'utilité sociale, presque un service public. L'absence de statistique formelle est donc particulièrement bienvenue, qui évite de poser la question de savoir combien de transactions spéculatives pour une opération de couverture réelle. Or la réponse qualitative a toutes les chances d'être : beaucoup trop quand tout va bien, beaucoup trop peu quand tout va mal. Beaucoup trop par beau temps, en effet, car, rapportée au volume des besoins de couverture réelle, la liquidité du marché pourrait sans doute être assurée avec beaucoup moins de spéculateurs, dont la majorité relève moins du *market-making*, c'est-à-dire de l'intervention comme contrepartie, que de la pure présence parasite. Beaucoup trop peu par gros temps, car l'apostolat des *market-makers* s'évanouissant soudainement quand les marchés se retournent et qu'il n'y a plus de profit à faire, les spéculateurs, comme les autres, se ruent vers la sortie… et la liquidité dont ils sont supposés être les desservants s'évapore aussitôt.

La prolifération autonome des CDS

Il est cependant une classe de produits où l'écart entre la prolifération financière et la base de risques réels qu'elle est censée couvrir apparaît au grand jour statistique: il s'agit du marché des CDS, dont le rythme de croissance explosif est sans rapport avec celui des dettes sous-jacentes qu'il est supposé assurer. Les 62 trillions de dollars de CDS de la mi-2008 n'ont ainsi pour sous-jacent que les 5,7 trillions de dettes *corporate*. Un trillion (1 000 milliards) de dollars de CDS s'échangent sur la dette de General Motors... dont l'encours global est de 15 milliards. La faillite en 2005 du constructeur de pièces détachées automobiles Delphi (équivalent du français Valeo) a révélé un encours de CDS sur sa dette plus de dix fois supérieur au volume nominal de celle-ci – selon d'autres évaluations, le multiple véritable serait de 30, et l'incapacité à obtenir une donnée fiable sur cette question purement factuelle en dit long sur l'état d'ignorance où se trouve la finance de ses propres fabrications. Mais d'où vient cette aberration manifeste qui engendre des contrats d'assurance pour des encours dix fois ou trente fois supérieurs aux volumes de risque de crédit à assurer réellement existants? C'est là le prodige spécifique de la finance dite synthétique qui construit de toutes pièces des paris abstraits sur le risque général d'une « entité de référence* »... et peut ainsi multiplier à volonté ces paris *abstraits* indépendamment de la détention concrète des titres de dette de l'entreprise[49].

La mécanique de l'abstraction dont procède la prolifération des CDS offre peut-être l'un des aperçus les plus typiques du processus d'autonomisation de la finance de marché qui, en dépit de ses rituels alibis, s'affranchit de plus en plus des bases de l'économie réelle avec laquelle ses rapports sont de plus en plus lointains. Il n'est pas un compartiment des marchés dérivés qui ne confirme ce fait que, dans sa splendide inventivité, la finance ne parle plus qu'à la finance. Bien sûr, on continue de bafouiller, pour la forme et vite expédié, que c'est « pour aider l'économie réelle », mais soit on ne sait plus ce qu'on dit, soit on s'amuse de dire des choses aussi creuses. Vague embarras des introductions des manuels sur les produits dérivés – le moment du pénible exercice de style : prendre de la hauteur et présenter les justifications qui « donnent du sens ». Ainsi de celui-ci[50] où, dans l'introduction de la deuxième partie « Une solution : les dérivés de crédit », à la question des « différentes raisons [ayant] poussé à la création des dérivés de crédit », on trouve : « la nécessité de répondre à un impératif stratégique d'innovation et d'exploitation de nouveaux créneaux ». Réponse en forme de raccourci parfait, qui mêle le filandreux logomachique et l'aveu limpide. Pourquoi créer de nouveaux produits et de nouveaux marchés ? Pour satisfaire l'« impératif stratégique d'innovation ». En résumé, il faut innover... parce qu'il est « impératif » et « stratégique » d'innover – aveuglante clarté ! Heureusement, la suite de la phrase en dit davantage : le vrai sens de l'« innovation », c'est l'« exploitation de nouveaux créneaux ». Exploitation par qui ? Par l'industrie financière évidemment. Car c'est bien elle la principale intéressée. L'« innovation » financière ne répond donc à rien d'autre qu'à la nécessité de la création continuée de nouveaux créneaux à exploiter, c'est-à-dire de l'extension sans fin du champ d'activité des opérateurs de marché. Le profit financier n'est maintenu et étendu qu'à proportion des dimensions du terrain de jeu qui permet d'en renouveler sans cesse les opportunités, et c'est *cela* la vocation véritable de l'« innovation » financière.

Les marchés jugés selon leurs propres critères :
un « rendement institutionnel » misérable

On est saisi de vertige à considérer l'énormité de l'édifice engendré de la prolifération financière rapportée à la ténuité des services rendus à l'économie réelle. Dix fois plus de

CDS qu'il n'y a de dettes *corporate*. Probablement un ratio du même ordre de grandeur, si ce n'est pire, entre les transactions de couvertures « réelles » et de positions purement spéculatives sur les dérivés de taux ou de change. Et l'on observerait semblable phénomène d'inflation parasitaire si l'on se tournait vers la finance actionnariale où d'énormes marchés boursiers, vrombissant d'activité nuit et jour, ne livrent au total que de misérables filets de financements nouveaux pour les entreprises : sait-on qu'aux États-Unis la contribution nette des marchés boursiers au financement des entreprises est devenue… négative : les actionnaires pompent – sous forme de dividendes ou de rachat d'actions – plus de cash des entreprises qu'ils ne leur en apportent. Heureusement que la Bourse est là pour « aider le financement de l'économie réelle », qu'est-ce que ce serait autrement ?… Aussi la finance qui n'a que le mot « rendement » à la bouche devrait-elle être évaluée selon ses propres critères. Posons-nous donc la question du rendement des marchés *en tant qu'institution* de « service financier », c'est-à-dire la question du rapport des *inputs* et des *outputs* – mais des *outputs* pertinents ! *Input* : les tombereaux faramineux de liquidités qui se déversent chaque jour sur les marchés. *Output* : les opérations effectuées pour l'économie réelle et les nouveaux financements effectifs pour les entreprises. Qui ne voit l'effrayante disproportion entre ce qui sort et ce qu'il a fallu mettre à l'entrée ? Et n'en tire la conclusion qui s'impose : si l'on prend au sérieux l'alibi du « service à l'économie réelle », force est de constater le rendement ridicule de la machine-marché. En thermodynamique, on appelle entropie la quantité d'énergie dissipée de manière improductive par une machine thermique – quantité de chaleur perdue pour n'avoir pas été convertie en travail. Voilà donc l'inévitable conclusion telle qu'elle grève irrémédiablement les prétentions de l'« innovation » financière : les marchés sont une machine vertigineusement entropique – énormes *inputs* à l'entrée, dérisoires *outputs* à la sortie, et entre les deux pure dissipation spéculative. *La machine-marché n'est pas rentable*, elle consomme gloutonnement pour un service rendu ridicule – et encore : compte non tenu des effrayantes nuisances qu'elle fait régner par ailleurs. D'après ses propres critères, elle est bonne pour la casse.

Que la machine entropique ne rende plus de service externe, ou très peu, ne l'empêche pas d'absorber d'immenses quantités de ressources, au contraire : la machine vit repliée sur elle-même et, pour cela, elle n'en a jamais trop. La dissipation, qui prend ici la forme de l'inflation générale des prix des actifs, constitue son régime permanent. Évidemment, considérée du point de vue interne, l'inflation-dissipation est l'origine même du profit financier ! L'avalanche des *inputs*, parfaitement inutiles, est le grand gaspillage qui donne naissance à la plus-value. La croissance parasitaire de la finance est devenue à elle-même sa propre justification. Sauf par alibis lâchés sur le mode du pilotage automatique, la finance n'a plus rien à voir, ou si peu, avec l'économie réelle. La finance se parle à elle-même, elle n'est intéressée que par elle-même. Son degré de fermeture sur soi, mesuré par la (dis)proportion des transactions ayant à voir avec les besoins de l'économie réelle et des transactions à finalité purement financière, est peut-être le signe le plus sûr de sa dégénérescence. Dégénérescence hautement paradoxale sans doute : car la finance a l'impression de ne s'être jamais si bien portée – et elle a raison ! Comme on sait, le devenir-chancre n'a rien de contradictoire avec le sentiment de sa prospérité, bien au contraire. Celui-ci ne se retourne que lorsque le corps parasité estime que c'est assez. Et décide l'ablation.

3

La chute appelle la chute

Aussi sûrement qu'ils avaient propulsé de concert les rendements vers les hauteurs, les mécanismes de la finance conspirent irrésistiblement à l'effondrement. Les innovations financières n'ont au final qu'un seul effet incontestable, c'est de donner aux forces aveugles de la concurrence-cupide de nouveaux supports qui leur permettent de déployer avec plus d'intensité leur toxicité intrinsèque. Car la bulle autant que la crise, la montée vers les sommets comme la plongée aux abîmes, illustrent que, parmi tous ces ressorts qui meuvent la finance, il n'y a aucune force de rappel, aucune contre-tendance, aucun mécanisme d'autorégulation. Les excès succèdent aux excès, les baisses violentes « corrigeant » les hausses extrêmes, de sorte que la finance ne connaît que le régime des embardées – de sens opposés. Le « secret » de l'embardée, spécialement dans l'effondrement, c'est l'interdépendance. Des compartiments de marché qu'on croyait déconnectés deviennent soudain corrélés. Les covariances changent de sens : des prix d'actifs connaissant usuellement des mouvements de sens opposés s'alignent – et prennent à contre-pied les anticipations habituelles. On pourrait parler d'hyper-redondance pour qualifier cette induction les uns par les autres de mécanismes appelés, par renforcement mutuel, à se composer tous dans la même direction. Cette synchronisation létale est le résultat d'une unique obsession qui gagne de proche en proche tous les segments du marché et les unit dans le même tempo d'effondrement : la quête frénétique de la liquidité.

LES EFFETS CATALYTIQUES DU « MOMENT DE VÉRITÉ »

Une crise financière, c'est d'abord l'effondrement d'une croyance collective. Tout est fait d'ailleurs pour masquer cette vérité fondamentale qui rend l'analyse des phénomènes financiers plus justiciable de l'anthropologie sociale que du calcul différentiel stochastique comme aiment à le croire l'idéologie de la finance et la mythologie médiatique qui ne la lâche pas d'une semelle. La finance, c'est la science, répètent-elles l'une et l'autre, la seconde encore plus béatement que la première. Et de s'extasier sur les « cerveaux » surentraînés dans les formations spécialisées et recrutés à prix d'or par les banques, sur les écrans multicolores des salles de marché dont les courbes en dents de scie sont – forcément – incompréhensibles au profane. Tout est fait pour donner à croire aux formes supérieures de la rationalité scientifique… c'est-à-dire pour dissimuler que la finance est *d'abord* gouvernée par les forces élémentaires de l'opinion et de la croyance. La « profession » ne se laissera pas faire avant d'être assimilée aux Nambikwaras et de n'offrir qu'un cas de plus pour les classifications mythologiques de Claude Lévi-Strauss ou pour la sociologie des foules. Dût-il lui en coûter, il lui faudra pourtant bien admettre à un moment ou à un autre que, pour toute leur sophistication, les modèles ne valent que ce que valent les hypothèses dont on les nourrit – inévitable moment d'arbitraire par où s'insinue, parfois sous des formes méconnaissables, tout un monde de croyances. Celle qui consiste à penser que le monde merveilleux des start-up est la promesse d'un eldorado ne vaut pas mieux que celle qui fantasme la solution définitive du problème du risque de crédit. Seule l'adéquation de leurs contenus aux formes communes de la pensée économique contemporaine, et leur incapacité à nous dépayser, peuvent faire oublier qu'elles ne sont intrinsèquement ni plus sophistiquées que les constructions mythologiques dont les anthropologues ont l'habitude, ni surtout moins investies d'un puissant désir de croire sans régulation rationnelle. On accordera tout de même une différence, sans doute importante : souvent les croyances financières s'écroulent. C'est à l'évidence une particularité qui les distinguent des croyances mythiques, quoique cette fragilité ne témoigne en rien d'un contrôle rationnel qui, après examen à froid, trierait et déclasserait. Preuve en est que, tel un phénix, la croyance financière renaît aussitôt de ses cendres et met à nouveau en mouvement frénétique la communauté des opérateurs.

Une chose est sûre en tout cas : quand une croyance financière s'effondre, c'est à grand fracas. Toute la question est celle du passage soudain – en empruntant au langage de la physique, on pourrait parler de « transition de phase » – de l'inquiétude diffuse à l'inquiétude ouverte. Car les opérateurs eux-mêmes finissent par être gagnés par le malaise de leurs propres excès et confusément envahis par l'idée que la dynamique où ils se trouvent tous impliqués pourrait ne plus être indéfiniment soutenable. Mais cette inquiétude demeure longtemps privée – la coalition des intérêts à la poursuite du manège est bien trop puissante pour que des individus isolés puissent envisager de faire part publiquement de leurs doutes. Pour que ce sentiment, qui peut être éprouvé par un très grand nombre d'individus mais privativement, précipite en un sentiment commun mais public – les théoriciens parlent de *common knowledge* –, il faut une « intervention » extérieure, capable de faire connaître sans ambiguïté aux agents qu'en effet ils pensent tous la même chose. Dans le cas de la finance, cette intervention prend la forme d'un événement à la fois frappant et visible de tous : une faillite.

La crise des subprimes n'échappe pas à ce schéma très général, elle l'illustre même à merveille. Que la florissante industrie de la titrisation hypothécaire fût vouée à rencontrer ses limites, beaucoup ont commencé à s'en inquiéter à partir du moment où ils ont vu se tasser, puis commencer à se retourner le marché immobilier, c'est-à-dire pressenti la destruction de la condition de possibilité de la dynamique qui les avait portés jusqu'ici. Que les ménages insolvables ne puissent pas servir leur dette n'était pas un problème en soi tant que la croissance des prix de l'immobilier faisait le travail à leur place : la maison mise en vente rapportait des plus-values qui faisaient mieux qu'éteindre la dette. Tout change avec le retournement : non seulement les ménages ne peuvent plus payer la dette, mais cette fois la liquidation s'effectue dans des considérations beaucoup moins favorables puisque, réalisés dans l'urgence, les actifs immobiliers dépréciés ne couvrent plus les passifs qui en ont permis l'acquisition. Se sachant voués à la saisie et à l'expulsion, les ménages partent « à la cloche de bois » : en laissant les clés de la maison, et implicitement sa propriété, dans la boîte aux lettres de la banque – une pratique qui reçoit le nom de *jinglemail*. Désormais les défauts, jusqu'ici masqués par la bulle immobilière, sont matérialisés. Et immédiatement transmis aux produits titrisés dérivés des crédits initiaux. Les MBS* sont en première ligne, les CDO* immédiatement derrière. Comme les taux de défaut bondissent bien au-dessus des moyennes historiques, l'illusion des protections de séniorité* est volatilisée en un instant : les tranches *equity* et *mezzanine* ont été réduites en bouillie, et c'est maintenant le triple-A, celui dont on a cru pouvoir gratifier près de 60 % des titres de la finance structurée, qui est sévèrement attaqué, à la stupéfaction générale des investisseurs, persuadés jusqu'ici de détenir ce qu'il y avait de plus sûr dans le domaine des produits obligataires de rendement équivalent.

Arrive inévitablement l'événement frappant. Cette fois-ci d'ailleurs ils arrivent à plusieurs, et bien groupés. Sans surprise, la finance du « début de chaîne », c'est-à-dire les banques directement originatrices des crédits immobiliers, prend le choc en premier. C'est bien là que le défaut des ménages doit d'abord s'exprimer. Le 2 avril 2007, New Century Financial, organisme de crédit hypothécaire, annonce devoir se placer sous la protection du chapitre 11 de la loi étasunienne sur les faillites. Bien d'autres suivront d'ici peu, et des plus notoires: American Home Mortgage les premiers jours d'août, Home Banc le 10; quant à Countrywide, le premier émetteur de prêts immobiliers, il révélera le 16 août avoir dû constituer une ligne de crédit syndiquée d'urgence – et surtout l'avoir aussitôt entièrement consommée... Inévitablement, le choc se transmet à la finance structurée – et à une vitesse foudroyante. Le 3 mai, la banque suisse UBS annonce le rapatriement dans son département *Investment Banking* de son *hedge fund* « maison » Dillon Read Capital Management – tout ne doit pas aller au mieux. Mais la date qui fait bascule est certainement le 22 juin 2007, jour où Bear Stearns, dont les quatre-vingt-cinq ans d'histoire étaient jusqu'ici sans tache, doit annoncer la fermeture de deux de ses *hedge funds*.

BEAR STEARNS, 22 JUIN 2007 : MAUVAISE JOURNÉE

Bear Stearns, c'est le cas d'école, à soi seul un résumé presque complet du délire de la finance structurée et leviérisée. On y voit, comme à l'endoscopie, l'intérieur de la machine en train de convulser. Bear n'a pas mégoté pour faire connaître au monde la sophistication de ses montages; le nom de son *hedge fund* est une interminable déclaration: *High Grade Structured Credit Enhanced Leveraged Fund* – en raccourci le *Enhanced Fund*, mais en extension un défi à la traduction d'un seul tenant (si vraiment on y tient: Fonds à levier intensifié de dérivés structurés de crédits de catégorie supérieure...). Il suffit presque de prendre les termes un par un pour avoir en un seul coup tous les ingrédients du désastre.

Structured Credit, car Bear Stearns, comme beaucoup d'autres, a admiré l'avènement de la finance structurée et l'élargissement des horizons du *high yield*. Lancé en 2006, le fonds investit dans des CDO dont les actifs sont composés à 60 % de MBS (dérivés de crédits hypothécaires) et à 40 % de prêts commerciaux. *High Grade*, car Bear prend pour argent comptant la promesse des montages structurés et croit dur comme fer à l'invulnérabilité des tranches *senior*: le fonds reçoit pour directive de s'investir à 90 % en titres notés double- et triple-A – la sécurité même. *Leveraged*, enfin et pour la bonne bouche, car le levier *(leverage)* est le coup de fouet de la cupidité, le démultiplicateur de rentabilité: l'investissement sera essentiellement financé par de la dette. Et comme juste du « levier » est encore très peu, ce sera de l'*enhanced leverage* – du « levier intensifié ». Bear dote son fonds de 600 millions de dollars de capitaux propres, apportés par des clients qui lui confient leurs avoirs à placer – d'un geste large, Bear rajoute de sa poche... 40 millions. Le reste – 10 milliards de dollars! – sera entièrement composé de prêts contractés auprès de Barclays, Crédit Suisse, JP Morgan et Merrill Lynch. De ce point de vue, le *Enhanced Fund* est la réplique, mais gonflée aux stéroïdes, de son « modeste » cousin le *High Grade Structured Credit Fund* (alias *High Grade Fund*), juste un peu moins massivement leviérisé.

Les fonds sont lancés. Ils opèrent maintenant sur les bases coutumières de leur industrie, c'est-à-dire en prélevant d'emblée au titre de leurs revenus 2 % de l'encours total et 20 % des plus-values. Chaque fonds paye les frais financiers de sa dette, puis verse ce qui reste en rémunération aux apporteurs de fonds (les 600 millions pour le *Enhanced Fund*) qui l'ont choisi comme véhicule pour leurs placements. Pour son compte, Bear Stearns, estime Ian Kerr[51], peut escompter un taux de rendement de 20 % sur sa propre mise – de l'authentique *high yield*… si tout va bien. Mais tout ne va pas bien : le marché immobilier se retourne. L'indice ABX qui donne une évaluation de la sûreté des produits dérivés de subprimes a été construit et publié en janvier 2007. Lancé à la valeur conventionnelle 100 au 1er janvier, il ne vaut plus que 55 six mois plus tard. Bill Gross, président de Pimco, courtier en produits de taux, pronostiquait que les détenteurs de titres BBB perdraient la totalité de leur investissement si le taux de défaut des ménages dépassait les 7 %, et que les CDO cotés A prendraient le même chemin passé 10 %. En ce mois de juin 2007, le taux de défaut est à 13,8 %…

La mécanique des « appels de marge »

L'effet levier sur lequel comptait le fonds pour faire sa fortune est cela même qui va causer sa perte. Car le levier est affligé d'une déplorable symétrie : il fonctionne aussi bien à la hausse qu'à la baisse, c'est-à-dire démultiplie la rentabilité quand « ça monte »… et les pertes quand « ça descend ». Une dévalorisation de 1 % sur un encours de 10 milliards de dollars entraîne une perte de 100 millions, c'est-à-dire l'effacement de 16,7 % des 600 millions de fonds propres. À 6 % de contraction de la valeur du portefeuille, ce sont 600 millions qui sont perdus, soit 100 % des fonds propres. À partir du septième pourcent, maintenant que tous les fonds propres du véhicule y sont déjà passés, ce sont les banques prêteuses qui prennent les pertes – à 25 % de dévalorisation du portefeuille, pas contentes, elles en encaissent pour 1,9 milliard. Bien sûr, les banques ont parfaitement conscience de cette mortelle inversion des leviers. C'est pourquoi elles se garantissent en exigeant qu'un investisseur à qui elles prêtent pour lui permettre de prendre des positions leviérisées couvre une partie de son risque par un dépôt effectué auprès d'elles, dit « dépôt de marge* » – une sorte d'exigence minimale de capitaux propres. Mais, surtout, les banques se réservent le droit de réajuster à la hausse cette exigence de couverture si les positions prises par leur débiteur connaissent une évolution défavorable. Les investissements en titre AAA voient ainsi leurs dépôts de marge passer d'une fourchette de 2-4 % en janvier 2007 à 8-10 % début juillet. Le simple A passe lui de 8-15 % à 30 %[52]. Enfin, tout en bas de la hiérarchie de séniorité, les tranches *equity* de CDO qui devaient être couvertes à 50 % passent à 100 %, ce qui signifie en clair que les banques ne veulent simplement plus prêter pour ce genre de placement.

Tous ces réajustements qu'on nomme « appels de marge* » doivent être immédiatement satisfaits par les *hedge funds*, qui doivent par conséquent apporter des liquidités pour mettre à niveau leurs dépôts. Sur une dette de 10 milliards de dollars, qu'on va supposer pour faire simple entièrement investie en triple-A, un appel de marge correspondant à un relèvement des dépôts de 2 à 10 % oblige tout de même à trouver 800 millions de liquidités… Et sans traîner, car tout manquement du débiteur à son obligation de couverture dans les délais d'usage – en général 48 heures – est sanctionné par la banque d'une liquidation immédiate de ses positions. Quoique les actifs soient formellement la propriété du *hedge fund*, rien n'est plus simple en pratique que cette liquidation car la banque en question est son *prime broker**, c'est-à-dire son fournisseur de services financiers intégrés, du financement jusqu'à la passation des ordres en passant par la tenue des comptes titres. Dans le cas de Bear Stearns, c'est Merrill Lynch qui, gérant 90 % de l'encours CDO de ses fonds, a toutes les cartes en main, et par conséquent toute latitude de faire exécuter une clause de liquidation, d'ailleurs explicitement prévue et agréée par les parties dans le contrat de *prime brokerage*. En cas de défaut, Merrill Lynch a donc tout pouvoir de saisir la part qu'elle estime justifiée des CDO des fonds Bear pour les vendre au plus vite.

Or, pour Bear et ses *hedge funds* aux noms à rallonge, l'appel de marge devient insurmontable. Au stade de détresse qui est maintenant le leur, face à des pertes ayant déjà détruit les fonds propres et dans un marché des CDO en plein retournement, vendre des titres pour récupérer les liquidités à apporter à l'appel de marge est la certitude de prendre des pertes encore plus importantes, et cette fois-ci non plus latentes mais bien réelles. Début juin, les fonds Bear, devant s'exécuter malgré tout, vendent 3,8 milliards de dollars de CDO, au prix de fortes pertes[53]. Et Bear n'est pas seul dans la débâcle. Tous les opérateurs, à des degrés divers et selon des échéanciers divers, rencontrent les mêmes contraintes et se trouvent forcés à des ventes de détresse dont tout le monde sait qu'elles vont précipiter de plus belle la chute du marché. Avant même que les ventes soient ordonnées, l'anticipation de leurs effets est d'ailleurs incorporée et la valeur des titres coule à pic. Mais dans ces conditions les appels de marge exigés par les banques prêteuses montent en flèche ! Et la boucle infernale repart pour un tour. Le 15 juin, Merrill saisit 850 millions supplémentaires de CDO des fonds Bear, mais pour découvrir que leur vente immédiate ne rapporte plus que 20 % du nominal – 80 % de décote ! Cette fois-ci, même Merrill abandonne.

Chacun pour son propre compte tente d'enrayer son désastre personnel. Il n'y a plus de solution de marché puisque les liquidations auront toujours un temps de retard sur l'explosion des appels de marge, et que la course-poursuite des deux, par chute des prix interposée, nourrit un effondrement cumulatif. Ne restent que les solutions « négociées ». Bear se retourne donc vers Merrill Lynch, son *prime broker*, dans l'espoir d'obtenir un délai de grâce. Mais la demande de James Cayne, le président de Bear, est soufflante : ni plus ni moins qu'un moratoire d'un an sur les appels de marge[54] ! Stan O'Neal, le patron de Merrill, comprend assez vite qu'on le mène en bateau : au terme du moratoire, si les CDO sont repartis à la hausse, les profits seront pour Bear; s'ils restent au fond du trou, Bear, désolé, déclarera de nouveau le défaut sur les appels de marge et laissera Merrill avec les titres pourris sur les bras. À ce moment également, la communauté financière se souvient qu'en 1998, alors que LTCM se traînait à genoux pour quémander la même suspension des appels, Bear du haut de sa superbe avait baissé le pouce. Neuf ans plus tard, c'est Merrill qui fait le geste. Le 22 juin, Bear n'a plus qu'à déclarer la faillite de ses *hedge funds*, à annoncer qu'elle s'engage à fournir elle-même à son *High Grade Fund* une ligne de 3,2 milliards de dollars pour permettre sa liquidation dans les moins mauvaises conditions... et qu'elle laisse purement et simplement tomber le *Enhanced Fund* – ardoise totale: 1,6 milliard de dollars.

LE FEU À LA BROUSSE

La stupéfaction est à la mesure de l'événement. À partir de ce moment-là, il est clair pour tout le monde que rien ne va plus dans le monde enchanté des subprimes et de la titrisation réunies. Au spectacle de pareils ébranlements, le sentiment d'inquiétude sort de l'isolement des consciences privées pour précipiter en un instant en sidération collective. Désormais, il n'y a plus rien à faire qu'à attendre et observer, impuissant, le déploiement nécessaire du désastre.

Les esprits sont maintenant électriquement repolarisés: ils sont passés en quelques semaines de la franche euphorie à la suspension angoissée qui précède la panique; il suffira d'une mauvaise nouvelle de plus pour précipiter la ruée. Or la situation est tellement dégradée que celle-ci est vouée à se produire. En France, la société de gestion Oddo annonce le 26 juillet 2007 la liquidation de trois de ses fonds. Mais Oddo n'est pas vraiment un géant de la finance. Tout autre sera l'impact d'un événement semblable, la fermeture de trois fonds par BNP Paribas le 9 août. Une semaine auparavant, Baudoint Prot, le président de la banque, présentait ses résultats semestriels, pas mécontent de lui d'ailleurs. En tout cas, pas un mot sur d'éventuels « problèmes » qu'auraient rencontrés ses « fonds dynamiques ». Le mensonge est une pratique d'institution si commune, qu'on ne s'en aperçoit plus que lorsque les faits imposent d'eux-mêmes un démenti qui fait passer au ridicule un seuil suffisamment haut, suffisamment vite – en l'espèce une courte semaine, délai honorablement qualifiant. Adam Applegarth, président de Northern Rock, n'est pas en reste au concours des déclarations calamiteuses : « les perspectives de moyen terme de l'entreprise sont très positives[55] », se rengorge-t-il en juillet à la présentation de ses résultats semestriels – la même que celle de BNP Paribas. Daniel Bouton, lui aussi, jurera avec toute la sincérité dont il est capable que l'exposition de la Société Générale sur les subprimes est « indirecte et marginale[56] » et que « la crise est sous contrôle[57] », pendant que ses lieutenants seront chargés d'aller expliquer que les pertes maximales n'atteindraient pas les 200 millions d'euros même « dans le scénario le plus pessimiste[58] » – comme on sait, l'affaire finira en mars 2008 à 2,5 milliards de pertes, et 1,2 de mieux en mai, pas loin de vingt fois plus au bas mot.

Si jamais le cas Bear Stearns avait laissé quelques malcomprenants, l'accident BNP Paribas achève de les dessiller. Éternel symptôme de la crise de marchés, la liquidité s'évapore à une vitesse fulgurante. Et le phénomène n'a pas le bon goût de rester confiné au compartiment qu'il frappe en premier. Il a même la propriété exactement contraire de se propager de manière foudroyante aux compartiments connexes – début d'activation de l'hyper-redondance. Le moteur de cette propagation est à trouver dans l'alliance du stress financier auquel sont soumises les institutions, qui prennent de lourdes pertes et sont dans la nécessité de se refinancer, et de la situation d'illiquidité qui empêche de réaliser les actifs en cours de dévalorisation pour retourner au cash. Faute, en effet, de pouvoir s'extraire du marché des CDO où plus rien ne peut être vendu contre monnaie, et dans l'obligation de reconduire leurs financements ordinaires, les institutions financières n'ont plus que la ressource de se tourner vers d'autres compartiments de marché – en d'autres termes, d'aller vendre autre chose ailleurs. Si les CDO ne trouvent plus preneurs, se disent bon nombre d'opérateurs, il est encore possible de vendre de l'ABCP* *(Asset Backed Commercial Paper)*, ces billets de trésorerie adossés à des créances titrisées, et dont les banques sont devenues très dépendantes pour leurs opérations quotidiennes de refinancement. Mais les ABCP à leur tour ne sont pas en grande forme, et pour cause: une bonne part de leurs actifs en collatéraux sont eux-mêmes des dérivés de subprimes. Aussi le papier émis avec de tels adossements est-il plus que suspect. De fait, personne ne se précipite pour en acheter, et comme il ne reste plus au marché de l'ABCP comme intervenants que des émetteurs en détresse, celui-ci à son tour se fige dans la congélation. Deux banques régionales allemandes, IKB et Sachsen LB, en font les frais dès août, incapables de refinancer leurs Véhicules alors qu'elles épongent des pertes massives (à leur échelle) sur leurs portefeuilles de CDO (17 milliards de dollars chacune). Mais la fermeture de l'ABCP va faire sa première victime de marque en septembre: Northern Rock.

Longtemps vanté pour son audace « stratégique » – avant d'être requalifié d'« extrême », mais *post factum*, c'est-à-dire un peu tard –, le modèle économique de Northern Rock avait pour caractéristique de minorer la part des dépôts dans le financement de la banque, et de faire reposer celui-ci aux trois quarts sur les marchés de capitaux – contre la moitié pour ses concurrents les plus proches, déjà jugés assez téméraires. Dans ces conditions, la fermeture de compartiments de marché successifs et l'impossibilité d'y lever des fonds en émettant de nouveaux papiers sont simplement dramatiques. Le 13 septembre 2007, l'évocation d'une intervention d'urgence de la Bank of England auprès de Northern Rock provoque exactement ce qu'elle avait pour vocation d'éviter : le commencement de la panique des déposants qui se précipitent retirer leurs avoirs. Gigantesque bond en arrière : la dernière fois que des Britanniques ont fait la queue au guichet d'une banque en ruine, c'était en 1866…

De tous côtés, ce ne sont plus que mouvements de ventes à sens unique. Demandes affolées des clients des fonds de récupérer leurs capitaux, électrochocs des appels de marge, course à la déleviérisation pour réduire l'exposition et couper les pertes : tout nourrit la baisse. Car, lorsqu'ils comprennent que le retournement n'est pas une anodine fluctuation mais bel et bien un changement de régime, les investisseurs n'ont plus qu'une idée : vendre au plus vite pour limiter la casse, en minimiser l'amplification par le levier et rembourser la dette dans les moins mauvaises conditions. Dans une mortelle collusion, tous les mécanismes de la finance abondent dans le même sens. À la fin des fins, même des compartiments sans rapport immédiat avec les marchés de crédit sont affectés. Car il faut bien retourner à la liquidité coûte que coûte, ou pour renouveler les financements ou pour satisfaire aux appels de marge – et donc vendre ce qui peut l'être. Les institutions financières font l'inventaire de tous leurs portefeuilles pour y trouver ce qui n'y porterait pas le stigmate de la titrisation ou du dérivé de crédit : les actions ! Alors elles cèdent ce qu'elles peuvent d'actions… et le marché des actions se met à baisser à son tour. Avec un flegme très britannique, *The Economist* fait observer que « comme les autobus, les troubles financiers arrivent en convois[59] » – comme on sait, l'expression française évoque, elle, des « escadrilles », mais elle est plus crue.

TANTALE ET LA LIQUIDITÉ

En une dizaine de jours à peine, début août 2007, tout le paysage de la finance internationale a basculé. Cette soudaineté est sans doute l'un des caractères les plus typiques des crises de marché. Tous les opérateurs sont stupéfiés par la révision foudroyante des jugements portés sur les actifs détenus en portefeuille, dont la qualité passe « inexplicablement » de « très sûre » à « très toxique ». Symptomatique de cet effet de sidération, le communiqué de presse que publie BNP Paribas le 9 août, genre rhétorique ordinairement voué à l'euphémisme et conçu pour dire que tout est « sous contrôle », a des accents d'une inquiétante authenticité : « la disparition, sur certains segments, du marché de la titrisation aux États-Unis conduit à une absence de prix de référence et à une illiquidité quasi totale des actifs [des fonds fermés] quels que soient leur qualité et leur *rating* ». Ceux qui lisent cela au mois d'août ont de quoi en avoir le frisson : sur certains segments, le marché a « disparu »... Comme IKB, BNP Paribas constate que « même » des actifs de qualité double- ou triple-A ne trouvent plus preneurs, et qu'un marché d'où les acheteurs ont disparu et sur lequel il n'y a plus que des vendeurs... n'est plus un marché.

La brutalité de ces retournements est l'indice le plus probant de l'empire du *jugement*, et par suite de la croyance, sur les comportements de la finance. La liquidité d'un marché n'a donc rien d'une propriété objective ou intrinsèque – c'est pourquoi d'ailleurs s'imaginer qu'en multipliant le nombre des spéculateurs on la consoliderait est de la dernière bêtise. Elle n'est que le reflet d'une croyance collective en la pertinence des prix qui y sont faits. Il faut le maintien de cette croyance, même rendu inaperçu par la force de l'habitude, pour que les flux moyens d'achats et de ventes soient reconduits, garantissant à chaque vendeur de pouvoir trouver un acheteur et réciproquement. À ces conditions, la

« sortie » est un non-problème. La promesse de la liquidité est tenue, avec au surplus la propriété de s'auto-entretenir puisque plus la réversibilité est garantie, moins les opérateurs hésitent à s'engager et plus le marché est liquide. Mais que la croyance en la pertinence des prix soit mise en question, que les agents interrogent à nouveau ce qu'ils considéraient jusqu'ici comme allant de soi – les valorisations sont-elles vraiment les bonnes ? un vendeur trouvera-t-il un acheteur ? –, et l'habitude qui soutenait la régularité des transactions se trouve soudain rompue – moment de crise qui fait redécouvrir la contingence des choses tenues pour acquises. Or, sous ce rapport, le « tir groupé » des catastrophes de début août est dévastateur. La ruée vers la sortie des investisseurs, ébahis au moment où se déchire le voile des survalorisations, fait du « marché » une collectivité d'agents à la fois unis et divisés par l'obsession de s'enfuir avant tous les autres.

À intervalles réguliers – et qui en disent long sur sa capacité d'apprentissage –, la finance de marché redécouvre donc ce que Keynes, il y a plus de soixante-dix ans, avait déjà parfaitement analysé, à savoir que la liquidité n'est qu'une fausse promesse, un rêve de singe. La liquidité comme possibilité permanente de sortie, comme garantie de réversibilité, est un mensonge collectif : elle s'évanouit dès lors que *tous* tentent *simultanément* d'en exercer l'option. Un marché, observait Keynes, ne maintient la régularité de ses transactions qu'à la condition expresse que ses opérateurs aient à la fois des stratégies et des vues sur l'avenir suffisamment hétérogènes pour que certains décident d'y être vendeurs et d'autres acheteurs, de sorte que leurs proportions relatives demeurent dans une fourchette qui garantit au prix des évolutions « lisses ». Or la polarisation d'une opinion saisie par la panique détruit dans l'instant cette impérative condition d'« hétérogénéité ». Là où le fonctionnement ordinaire du marché autorise en effet la sortie permanente *à un nombre modéré* d'opérateurs, car il y a toujours suffisamment d'acheteurs en face, la crise de liquidité abolit brutalement l'un des côtés du marché et laisse enfermés tous les agents qui se sont précipités dans l'autre – le côté vendeur. Il y a donc quelque chose du supplice de Tantale dans la liquidité financière: elle se dérobe plus inexorablement à mesure qu'elle est plus intensément recherchée. Fausse promesse par excellence dès lors qu'elle est prise au sérieux par la collectivité du marché tout entière et que tous voudraient l'exercer en même temps, la liquidité est une sorte de parapluie pour beau temps, mais qui s'autodétruirait au moment de l'orage: le marché est garanti «liquide»... tant que personne n'a vraiment envie d'en sortir – la belle affaire! Abrités sous des baleines sans toile, les investisseurs en panique sont condamnés à finir rincés.

LE DIFFICILE AVEU DES PERTES

La crise de liquidité n'est pas partie pour être passagère. Elle se nourrit de l'incertitude ambiante, et celle-ci ne cesse de croître à mesure que les dérivés de subprimes s'enfoncent dans un impénétrable brouillard. Que leur valeur s'effondre, c'est un fait avéré. Mais de *combien* exactement? Il faut y revenir car le non-initié peinera sans doute à le croire, or c'est pourtant la vérité: pour toutes leurs équipes surcompétentes et leurs arsenaux de modèles mathématiques, les investisseurs, tout particulièrement les banques, se retrouvent incapables de se faire une idée de la valeur des titres avec lesquels ils restent «collés». De tous les paradoxes de cette crise financière, celui-ci n'est sans doute pas le moins succulent: les institutions qui se donnent pour la pointe la plus avancée du capitalisme contemporain, pour le degré suprême de la sophistication dans l'art du négoce *(trading)*, pour la technicité la plus raffinée dans la gestion du risque, ne sont *in fine* pas même capables de répondre à la question à la fois la plus élémentaire et la plus fondamentale de toute la vie économique : « Quel est l'état de mes comptes ? » Une telle accumulation de moyens humains et techniques, une telle débauche d'inventivité, de constructions théoriques et d'ingénierie financière pour en arriver à cet aveu un peu demeuré : « Nous savons que nous avons perdu, mais nous ne savons pas combien. » Et c'est vrai : ils ne savent pas « combien » ! Ils ne le savent pas parce qu'en réalité ils n'ont jamais vraiment su ce qu'ils faisaient – et seule l'épreuve de la déconfiture rend cette ignorance patente, quoiqu'elle ait été présente dès le début. *« The past few weeks have shown that financiers did not fully understand what they were trading*[60] », reconnaît *The Economist* avec cet art *so british* de l'*understatement*[61].

Il y a de quoi, car les CDO ont pour collatéraux des bouillabaisses de crédits si variés qu'une chatte n'y retrouverait pas ses petits. Tel n'était pas le cas des tout premiers CDO, ceux des années 1990, qui étaient adossés à un petit nombre de grosses lignes obligataires de même nature, le plus souvent *corporate*, dont l'investisseur lui-même pouvait faire l'analyse financière et apprécier le risque : il y reconnaissait ses « valeurs » habituelles, du General Motors, de l'American Airlines ou du Marks & Spencer, et le tout composait un univers de crédit assez bien balisé. Mais les CDO des années 2000 sont d'un tout autre genre. Leurs actifs ne comptent guère plus de 1 % d'obligations d'entreprise et sont devenus à la place d'invraisemblables capharnaüms de dettes aussi hétéroclites que possible – de l'immobilier bien sûr, résidentiel ou commercial, en fait des MBS* *(Mortgage Backed Securities)*, du crédit auto, des cartes de crédit, des prêts étudiants et même des tickets de football à payer, foutoir élevé au carré par les propriétés joyeusement mélangeantes des CDO de CDO… D'une complexité devenue impénétrable, ils laissent ceux qui les acquièrent dans la plus complète incapacité de se faire une idée des risques qu'ils ont en main : les mettre à plat en vue d'une analyse complète exigerait plus de temps d'expertise et d'argent que le produit lui-même pourrait jamais rapporter. C'est pourquoi les investisseurs s'en sont entièrement remis à l'évaluation des agences de notation, sans pouvoir à aucun moment la tempérer de leur jugement propre, comme ç'avait été le cas lors de la bulle Internet où les analystes *buy-side*, ceux des fonds acheteurs, entretenaient le contrepoint de leur propre expertise. Ce fonctionnement à l'aveugle, soutenable tant que les gains servaient de paravent à cette profonde ignorance, n'a pas résisté au retournement des marchés, et les mieux équipés – les banques – se sont mis en devoir d'enfin comprendre ce qu'ils avaient sur les bras. Pas d'autre méthode que d'ouvrir le chantier auquel ils s'étaient toujours refusés : décontracter l'effroyable fourbi en ses composantes élémentaires, par classes de crédit – immobilier commercial, résidentiel, auto, étudiants, cartes, etc. – et, pour chacune, refaire l'analyse de risque élémentaire avant de réagréger le tout. Cette tâche titanesque va mobiliser les équipes des semaines et même des mois durant. Et pendant ce temps, les marchés continuent de s'effondrer, et les banques, par peur de l'opprobre autant que par ignorance, demeurent silencieuses quant à l'état de leurs comptes. Leurs auditeurs d'ailleurs s'en inquiètent : conformément aux « bonnes habitudes » que la finance même a imposées à tous, il faut rendre des comptes trimestriels. Et normalement ceux-ci devraient appliquer sans faiblir la norme du *mark-to-market**, une autre idée géniale que la finance a fait triompher.

Les lenteurs du calcul se doublent des réticences à l'aveu. Aussi, le processus progressant malgré tout, la révélation des pertes prend-elle l'allure d'une sorte de calvaire au ralenti, qui voit les banques lâcher par à-coups des montants de pertes, puis des montants révisés – à la hausse –, puis des révisions des montants révisés, et les gouffres n'en finissent pas de se creuser. Le goutte-à-goutte des mauvaises nouvelles scie les nerfs de la finance. À chaque présentation trimestrielle, à chaque annonce d'un « gros calibre » révélant des pertes consternantes, les marchés convulsent un peu plus. Bear Stearns, Citigroup, UBS, Merrill Lynch se succèdent régulièrement au palmarès des mauvaises nouvelles, en un manège sans fin. La viscosité du processus produit le pire des effets : les révisions sans fin ancrent l'idée qu'on n'est plus sûr de rien, qu'il reste toujours des cadavres dans les placards, que certains qui n'ont rien dit jusqu'ici vont devoir sortir du bois, etc. – ainsi la Société Générale, qui résiste jusqu'en mars 2008 ! En juillet 2008, après tout de même un an de crise générale et, pour ce qui la concerne, 47 milliards de dollars de pertes, Merrill Lynch en est encore à tourner autour du pot et, dix jours après l'annonce de ses résultats du deuxième trimestre – 9,4 milliards supplémentaires de dépréciation qui avaient fait croire aux investisseurs que cette fois-ci le fond avait été atteint – à s'aviser d'un « petit oubli » de 5,7 milliards de plus...

Le dilemme des « prix planchers »

Lors des crises financières précédentes, les autorités avaient pourtant trouvé les moyens de casser la baisse et d'établir des planchers de prix à partir desquels les opérateurs étaient revenus dans le marché. Ainsi, au début des années 1990, lors de la crise immobilière dans laquelle les *Savings & Loans*, les caisses d'épargne étasuniennes, avaient perdu tant et plus : le gouvernement avait organisé autoritairement une vente aux enchères de leurs actifs dépréciés. Il en était résulté des prix de bradage qui révélaient intégralement les pertes, à partir de quoi les détenteurs de liquidité avaient accepté de réinvestir sans craindre de nouvelles moins-values. Mais cette solution n'est plus possible en 2007 en raison de la règle comptable du *mark-to-market*, c'est-à-dire de l'inscription des actifs dans les bilans, non plus à leur valeur historique mais à leur valeur de marché instantanée. Car celles des banques qui ne seraient pas contraintes de vendre leurs titres dépréciés à la casse et voudraient les garder dans leurs bilans devraient alors néanmoins passer dans leurs comptes des dévalorisations de mêmes proportions que celles des actifs équivalents effectivement liquidés. Or ces moins-values s'annoncent si massives que les capitaux propres des banques en seront très sévèrement entamés. Cette destruction de leurs fonds propres, les banques ne peuvent pas se la permettre, sauf à voir leur ratio de capital* tomber sous le seuil réglementaire des 8 %. Il est maintenant évident que, parmi les banques exposées, très peu résisteront à l'« opération vérité », et que, en propulsant leurs ratios de solvabilité aux tréfonds, la pleine révélation des pertes les mettra en situation de quasi-insolvabilité. Dans le nouveau contexte de normalisation comptable – la règle du *mark-to-market* – et compte tenu des contraintes de surveillance prudentielle, nul ne peut se permettre de trancher le nœud gordien, et la résolution de la crise reste inextricablement prise dans ce dilemme : en sortir exige d'« abattre » les valeurs de manière assez brutale pour convaincre que les pertes sont toutes révélées ; mais révéler les pertes ainsi, c'est pousser les banques concernées au bord de l'effondrement définitif[62].

Incapables de se résoudre à cette extrémité, il ne reste plus aux banques que la solution de la révélation lente qui, détériorant leurs ratios de solvabilité à un rythme contrôlable, leur laisse au moins la possibilité d'y parer en allant lever de nouveaux capitaux propres dans des conditions moins dramatiques. Merrill, Citi, UBS, toutes s'efforcent de procéder à des augmentations de capital. Mais on ne voit pas trop comment le gel présent de toutes les liquidités et surtout la suspicion générale pourraient décider quiconque d'apporter des fonds. Le salut ne viendra que d'une toute nouvelle sorte d'intervenants financiers : les fonds souverains. Des liquidités, ils en regorgent. Eux n'ont pas l'obsession de les réserver pour faire face à des pertes de subprimes ou à d'urgents besoins de refinancement : ils n'ont pas pris part à ce jeu idiot. Et venir au secours d'éclopés notoires ne leur fait pas peur non plus : d'une part, aux niveaux massacrés où sont tombés les cours des valeurs financières, de significatives participations s'acquièrent à vil prix et, d'autre part, les fonds souverains, se disant que la crise finira bien par passer, ont le temps devant eux. Par une ironie suprême, les fleurons du capitalisme le plus privé, la crème de la haute finance anglo-saxonne, bien installés d'ordinaire dans l'idée que l'intervention publique n'est plus qu'un réflexe reptilien de cerveaux indécrottablement soviétoïdes, ne doivent d'échapper à la déconfiture qu'à une forme de nationalisation – rappelons que les fonds souverains sont des fonds d'État –, qui plus est par des puissances étrangères…

Le délai même avec lequel s'impose la nécessité de l'augmentation de capital est en soi un indicateur des infernales contradictions où se trouve prise la finance. Car faire le choix de la recapitalisation, c'est du même coup consentir l'aveu public de ses difficultés – perspective forcément douloureuse dans un univers qui fonctionne à la réputation –, puisque c'est implicitement déclarer que son ratio prudentiel* n'est plus à niveau. Tous ceux qui ne sont pas à la dernière extrémité y résisteront tant qu'ils pourront. Si, en France, la Société Générale se distingue dans ce registre du déni et du retardement, la palme revient probablement aux banques britanniques – Northern Rock excepté, on s'en doute. Barclays, la Halifax Bank of Scotland (HBOS) et la Royal Bank of Scotland (RBS) font de la résistance pendant des mois et repoussent tous les appels à la recapitalisation lancés par la Bank of England ou la FSA (Financial Services Authority). Il faut dire que cet acharnement dans le refus est soutenu par des forces très puissantes. Augmenter le capital entraîne mécaniquement un effet de dilution qui fait baisser le bénéfice par action (BPA). Or le BPA est l'étoile du Nord des actionnaires, c'est pourquoi les banques britanniques, doctrinaires du capitalisme actionnarial plus résolues encore que leurs homologues étasuniennes, s'y refusent avec la dernière énergie. Mervyn King, le président de la Bank of England, s'étonne publiquement que les banques privées fassent son siège pour l'exhorter à étendre toujours davantage les facilités de refinancement et, pour l'en convaincre, peignent leur situation en couleurs toujours plus sombres... alors même qu'elles augmentent les dividendes versés aux actionnaires et se refusent à toute recapitalisation dilutive! «*Shareholders first*», voilà la boussole morale des vrais croyants: jusque dans la débâcle, les actionnaires passeront avant tout le monde. Cependant, même les doctrinaires les plus endurcis finissent rattrapés par le principe de réalité. Après avoir assisté avec hauteur aux effondrements environnants sans rien concéder elle-même, la Royal Bank of Scotland se résout enfin, en avril 2008, à reconnaître 5,9 milliards de livres de pertes, qu'elle doit accompagner d'un plan de recapitalisation à hauteur de 12 milliards de livres, assorti de 4 autres milliards de cessions d'actifs variées. Le désir de recapitaliser procède d'une intention fort louable, mais encore faut-il trouver du monde pour y souscrire. De ce point de vue, les recapitalisations les plus tardives ne sont pas les plus simples. Barclays, en juillet 2008, doit constater que son augmentation de capital de 5,7 milliards d'euros n'a été souscrite qu'à 19 %. Quant à HBOS, des 4 milliards de livres qu'elle espérait lever, elle n'en récupérera que 332 millions: 8,3 %! Il faut vraiment que la crise financière soit profonde et générale pour que d'aussi spectaculaires ratages boursiers soient passés quasi inaperçus.

LA TERREUR DU RISQUE DE CONTREPARTIE

Des soupçons délétères qu'a immanquablement fait naître la lenteur de la mise au jour des pertes, celui du risque de contrepartie* aura sans doute été le plus dissolvant – et objectivement le plus explosif. De manière assez compréhensible, la réticence à l'aveu a été d'une intensité proportionnelle à l'énormité des choses à avouer. Cette énormité trouve son principe dans cette caractéristique, probablement l'une des plus typiques de la finance de marché, que l'on retrouve au tournant de chacun des enchaînements fatals de la crise, à savoir le recours massif à l'effet levier*. Le cas Bear Stearns a déjà suffisamment montré la dangerosité de cette pratique qui démultiplie symétriquement les rentabilités positives… et négatives. Les leviers, si l'on entend par là la possibilité offerte à un agent de prendre des positions excédant largement ses capitaux propres, sont d'ailleurs de multiples sortes. Au levier d'endettement proprement dit, il faut ajouter le levier de nature plus « institutionnelle » des dépôts de marge qui oblige à une provision immédiate de cash pour prendre une position sur des produits dérivés – deux leviérisations distinctes qui se trouvent confondues dans le cas des contrats de *prime brokerage**. Sur les marchés dits organisés, structurés autour d'une chambre de compensation, cette obligation du dépôt de marge* a un caractère réglementaire et s'applique uniformément. Elle est en revanche laissée à l'appréciation des parties dans les transactions dites de gré à gré (ou OTC* pour *Over The Counter*). Il y a bien, en tout cas, deux sources de leviérisation différentes… et qui ne demandent qu'à être combinées, le levier d'endettement *stricto sensu* faisant démultiplicateur pour le levier de dépôt de marge : si, par exemple, une position sur dérivés d'un montant de 100 millions d'euros exige 2 % de dépôt de marge, soit 2 millions, et que l'investisseur en question le finance moyennant 10 % de fonds propres et

90 % d'endettement, il en résulte qu'une position de 100 millions peut avoir été ouverte moyennant une avance de cash de 200 000 euros !

Ces formidables effets d'amplification, autorisés par la combinaison des leviers de toutes sortes, ont conduit pour nombre d'opérateurs à la constitution de gigantesques positions adossées à des ressources de capitaux propres littéralement ridicules. On comprend mieux peut-être pourquoi l'ensemble de la banque Bear Stearns se retrouve avec une position globale sur dérivés de crédit de 13,4 trillions (milliers de milliards) de dollars pour des actifs totaux de 80 milliards de dollars et... environ 10 milliards de dollars de capitaux propres[63]. La lecture des statistiques de l'Office of the Comptroller of the Currency Report[64], l'un des organismes de supervision financière étasuniens, fait littéralement dégringoler les yeux des orbites. JP Morgan, qui va bientôt racheter Bear et apparaître comme le sauveur du système financier étasunien, affiche 92 trillions de dollars de dérivés de crédit pour 1,2 trillion d'*actifs* (même pas de capitaux propres), record du levier toutes catégories. Avec des sauveurs pareils, pas besoin de faillis... Bien sûr, il ne faut pas prendre ces totaux astronomiques pour des positions *ouvertes*, car, dans ce total, de nombreuses opérations sont de couverture mutuelle. Il n'en demeure pas moins que les 13 400 milliards de dollars de Bear Stearns représentent bel et bien le risque de contrepartie qu'elle fait peser sur la communauté financière internationale puisque, en cas de faillite, il y aurait eu pour 13 400 milliards de dollars de transactions non réglées. On fera remarquer, là encore, que sur ce total beaucoup d'engagements à payer compensent des engagements à recevoir. Le risque de contrepartie *net* est donc moins élevé. Même s'il s'établissait à 10 % du total, il n'en resterait pas moins 1 340 milliards de dollars de transactions non soldées, une paille... S'y ajoute le fait que les compensations des paiements à effectuer et à recevoir n'ont pas forcément le bon goût de s'opérer établissement par établissement, de sorte que certains se retrouvent vis-à-vis de Bear Stearns dans une position nette très ouverte, et par conséquent très exposée au risque de contrepartie. On imagine sans peine les effets d'un tel défaut.

La question du risque de contrepartie, longtemps restée toute théorique, c'est-à-dire sans pouvoir d'émouvoir grand monde, redevient subitement très parlante au moment où les défaillances choc de l'été ont remis dans les têtes l'éventualité, non pas juste de la fermeture locale de quelques fonds de moyenne importance, mais de la disparition pure et simple de l'un des très gros intervenants sur le marché OTC* des dérivés de crédit. Les *quants*, c'est-à-dire les analystes en charge de la modélisation quantitative des risques, sont mobilisés d'urgence pour fournir une appréciation des dégâts collatéraux qui s'ensuivraient si jamais... L'estimation fournie par le service « Recherche » de Barclays Capital fait un peu froid dans le dos[65]. La simulation est conduite sur le cas hypothétique d'un « gros » défaut, impliquant un opérateur engagé pour 2 trillions de dollars sur les CDS* – 1 trillion de protections vendues et 1 trillion de protections achetées, pour un nominal composé à 65 % d'entités de référence *Investment Grade**, c'est-à-dire de très bonne signature. *Dixit* le calcul des analystes, du défaut de cet opérateur, il résulterait pour le système financier des pertes collatérales* totales comprises entre 36 et 47 trillions de dollars ! La note trouve judicieux, et en effet ça l'est, de préciser que ces pertes faramineuses seraient concentrées sur les investisseurs effectivement en risque de contrepartie de l'opérateur en défaut, c'est-à-dire sans possibilité d'un effet de « dilution » qui serait rendu possible si *tous* les opérateurs du marché devaient absorber ce choc. Or le marché OTC des CDS est une communauté certes bien sympathique mais assez étroite : une cinquantaine de *brokers-dealers* y sont vraiment actifs, qui auraient à se partager les 47 trillions de pertes… en attendant la deuxième vague… et les suivantes ! Avec la leviérisation, la finance redécouvre donc les propriétés divergentes des réactions en chaîne. Il faut s'empêcher de penser aux conséquences sauf à prendre ses jambes à son cou.

4

L'État, sauveteur pris en otage

Un qui ne peut pas prendre ses jambes à son cou, et a même intérêt à garder la tête froide, c'est l'État. Mais, dira-t-on, ce n'est pas l'État *stricto sensu* que l'on a vu en première ligne depuis les premiers jours d'août 2007, mais les *banques centrales* – pas tout à fait pareil en effet, et spécialement depuis que les banques centrales sont indépendantes. On objectera à l'objection que c'est bien l'État, au sens le plus rigoureux du terme, qui a garanti les dépôts de Northern Rock, puis l'a nationalisée faute de toute solution de reprise privée – pas fous, les capitalistes ! L'État toujours qui s'engage en appui de la Réserve fédérale pour « soulager » Bear Stearns de ses plus mauvais actifs et la rendre « vendable » à JP Morgan, et surtout à faire tout ce qu'il en coûtera pour sauver Fannie Mae et Freddie Mac de l'insolvabilité. Il est vrai cependant que le gros de la pression a été repris par les banques centrales. Si toutefois il était permis de solliciter quelque largesse conceptuelle, on ferait volontiers remarquer que l'essentiel est ailleurs : ce qu'il est proposé de regrouper ici sous le nom générique d'État, c'est le pôle public en tant qu'il est *hors marché*. De ce « hors marché », et quoiqu'il s'obstine à le dénier, le marché des capitaux a un besoin vital en raison de son irrémédiable incapacité à s'autoréguler, ni à la hausse ni à la baisse. Ni à la hausse, parce que toutes les incitations y sont vicieuses et poussent systématiquement à la distorsion des jugements portés sur les couples rendement-risque. Ni encore moins à la baisse, où l'hyper-redondance joue plus violemment encore, parce que la panique fige le marché en un seul bloc vendeur et que la course à la liquidité se propage à grande vitesse, mettant le feu à tous les compartiments latéraux. Il n'y a alors nulle part dans le marché une force susceptible de se mettre en travers de la ruée et capable, par sa prise de position contrariante, de renverser l'opinion.

LE « SYNDROME CHINOIS » DU RISQUE SYSTÉMIQUE

Cette force existe, mais elle est au-dehors. C'est la force de l'État, du pôle public. Keynes, encore, de longue date avait établi la nécessité de sa présence dans l'économie en tant que seul agent capable de se mettre à contre-courant lorsque tous les agents privés sont irrésistiblement emportés à la baisse. Quand bien même ils ne céderaient pas à la panique irréfléchie, leur rationalité individuelle leur commanderait encore de suivre le troupeau se précipitant : tant que le plancher n'a pas été atteint avec certitude, il faudrait être fou pour se mettre à l'achat en travers d'un marché à sens unique à la vente, où les prix sont voués à la chute libre. Parce qu'il possède des instruments plus puissants que n'importe qui et, surtout, parce qu'il joue selon des logiques propres qui ne sont pas celles des agents privés, le pôle public est seul à même de briser une dynamique d'effondrement de marché autrement vouée à s'auto-entretenir puisque les intervenants ont perdu tout sens des prix d'équilibre.

Qu'elle soit fonctionnellement adéquate – sous réserve d'ailleurs qu'elle trouve les formes appropriées – n'est pas, à chaud, le trait de l'intervention publique à retenir en premier. Sa caractéristique la plus frappante est son urgence absolue. La finance de marché est un point de concentration de risques d'une telle densité que l'explosion est vouée à avoir des effets collatéraux à très grande portée. Le

« syndrome chinois[66] » du risque de contrepartie est un événement extrême dont les conséquences seraient incalculables. Passablement affolés par leurs propres résultats, les *quants* de Barclays Capital tentent de se rassurer comme ils peuvent : « Il est utile d'examiner ce qui se passe dans une telle situation [un défaut hypothétique pour une exposition de 2 trillions de dollars sur les CDS, *NdA*], cependant nous considérons qu'il s'agit d'un scénario de probabilité très faible[67]. » La note est publiée le 20 février 2008. Trois semaines plus tard, Bear Stearns fait passer au réel le « scénario de probabilité très faible ». Et pas pour 2 trillions de dollars d'exposition : pour 13,4…

La banque d'investissement ne s'est jamais remise de la faillite de ses deux *hedge funds* en juin 2007. Elle a refusé de renforcer sa base de capital, pour des raisons obscures, qu'on peut imaginer liées à des considérations de contrôle – à moins que la bonne hypothèse ne soit celle de la superbe. Tout la désigne, y compris l'animosité dont elle est l'objet à Wall Street, comme point de rupture possible en cas d'emballement critique. La situation survient début mars 2008 avec une de ces accumulations de mauvaises nouvelles qui électrisent la finance. Bear Stearns fait alors paratonnerre de l'inquiétude collective, et inaugure un genre inédit : le *run* sur une banque d'affaires. Tous fuient Bear comme la peste : clients fortunés et *hedge funds* dont elle est le *prime broker** qui retirent leurs fonds, banques qui refusent de renouveler leurs lignes de crédit, et surtout opérateurs de marché qui ne veulent plus d'elle comme contrepartie. La combinaison des trois est létale puisque voilà Bear incapable de conduire ses opérations ordinaires et de se refinancer alors même qu'elle perd de la liquidité à gros bouillons – le communiqué de la direction le 10 mars assurant que la banque dispose d'un confortable matelas de 17 milliards de liquidités n'y fera rien : trois jours plus tard, il n'en reste plus que deux.

On comprend sans peine que le week-end des 15 et 16 mars ait été frénétique du côté de la Réserve fédérale: Wall Street à deux doigts de la volatilisation intégrale, il y a de quoi être ému et s'agiter un peu. La puissance de la réaction en chaîne, qui produit des pertes vingt fois supérieures au montant du défaut initial, fait à ce moment passer sur la finance étasunienne, et par contrecoup sur la finance mondiale, le spectre de l'hiver nucléaire. C'est l'Événement Inconcevable. Et en même temps impossible à arrêter par les forces privées du marché. Seule la puissance publique y peut quelque chose. Aussi déclenche-t-elle sans hésiter l'intervention décisive: coordination en sous-main de la reprise de Bear Stearns par JP Morgan, à 10 dollars l'action – contre 170 dollars un an auparavant –, reprise dans le portefeuille de la Réserve fédérale de 30 milliards de dollars d'actifs particulièrement avariés de Bear, avec perspective de perte intégrale dont JP Morgan ne prendrait que le premier milliard, les 29 autres restant à la charge de la banque centrale qui les ferait absorber en dernier ressort par un concours du Trésor.

Beaucoup sont alors tentés de croire que l'épisode Bear Stearns marque le climax de la crise. Il n'en est rien. Les prêteurs hypothécaires font à nouveau parler d'eux. Les plus exposés, comme Countrywide ou American Home Mortgage, avaient pris le choc en premier, dès le printemps 2007. Mais entre-temps, la crise a eu le temps de faire du chemin, et la montée irrésistible des défauts annonce une deuxième vague de faillites. Le 26 juin 2008, le sénateur de New York Charles Schumer rend publiques ses inquiétudes quant à l'état d'Indymac, neuvième prêteur immobilier du pays. Sur fond de crise interminable et de déconfiture financière générale, il n'en faut pas davantage pour provoquer une panique des déposants qui se ruent pour retirer leurs avoirs… et font advenir la faillite en tentant de s'en prémunir. Avec 1,3 milliard de retraits entre le 27 juin et le 10 juillet, Indymac ne peut résister très longtemps, d'autant plus que, pour égayer son tableau, son cours de Bourse est tombé à 44 cents depuis les 50 dollars de 2006. Le 11 juillet, la faillite est déclarée – c'est la troisième plus importante de l'histoire bancaire étasunienne – et la banque mise sous administration fédérale. Même si c'est sous la forme d'une *bridge bank*, structure temporaire susceptible d'évoluer vers la reprise ou vers la liquidation définitive, c'est bien d'une nationalisation qu'il s'agit! Le FDIC, l'organisme fédéral d'assurance des dépôts qui en est l'opérateur, prévoit d'injecter entre 4 et 8 milliards de dollars, soit tout de même entre 7,5 et 15 % de ses 53 milliards de ressources pour une seule intervention – et l'on sent bien qu'il ne faudrait pas qu'il y en ait beaucoup d'autres du même calibre.

Or le même jour exactement survient un séisme d'une tout autre magnitude. Bill Poole, ancien président de la Réserve fédérale de Saint Louis, met carrément en doute la solvabilité de Fannie Mae et Freddie Mac, les deux institutions géantes du refinancement immobilier. À vrai dire, Bill Poole se fait l'écho d'une note d'analyste, d'ailleurs controversée, publiée par Lehman Brothers, selon laquelle un changement de règles comptables pourrait conduire Fannie et Freddie à devoir lever 75 milliards de dollars de capital frais. Il est vrai que, depuis l'été 2007, les deux institutions sont passablement malmenées. Comment pourrait-il en être autrement en une crise *immobilière* de première grandeur: Fannie et Freddie sont les deux plus gros intervenants dans l'univers du crédit hypothécaire puisqu'elles garantissent ou détiennent à elles seules presque la moitié des 12 trillions de dollars de dettes immobilières étasuniennes?! En effet, elles ont pour fonction même d'acheter aux banques leurs prêts immobiliers pour les titriser en MBS* qu'elles conservent ou bien qu'elles placent auprès des investisseurs mais en les assortissant d'une garantie contre le défaut de paiement. Il s'agit bien d'une intervention, non pas de prêteur direct, mais de refinancement et de garantie aux organismes de crédit hypothécaire, pour laquelle Fannie et Freddie mobilisent des ressources provenant essentiellement de leur propre endettement tel qu'elles peuvent le contracter à des taux plus bas que les autres puisque, quoique formellement entreprises privées, elles jouissent néanmoins du statut de *Government Sponsored Entities* (GSE), et par conséquent d'une présomption de garantie publique.

Il est évident que la crise des subprimes déstabilise le modèle économique de Fannie-Freddie de tous côtés. D'une part, la dévalorisation des crédits titrisés frappe les deux entreprises, soit qu'elles enregistrent directement les pertes pour les titres conservés, soit qu'elles doivent faire l'appoint pour les titres garantis – c'est-à-dire compenser aux investisseurs détenteurs des MBS ou des CDO la diminution des paiements corrélative des défauts des emprunteurs initiaux (les ménages). D'autre part, cette concentration de pertes dans leurs bilans dégrade leur signature d'emprunteur et renchérit le coût de leur dette, donc de leur financement, rendant les pertes plus grandes encore. Rien d'étonnant au total que la situation des deux refinanceurs fasse naître le soupçon d'insolvabilité, particulièrement au moment où l'effondrement de leurs cours rend toute recapitalisation plus difficile. De fait, pour 5 trillions de dollars de crédits immobiliers (titrisés) portés ou garantis, Fannie et Freddie n'ont à elles deux qu'un coussin de fonds propres de 83 milliards de dollars.

Il n'est simplement pas question pour le gouvernement de laisser Fannie et Freddie aller au tapis. Leur concours au maintien en réanimation d'un marché hypothécaire moribond est vital : depuis début 2008, elles rachètent plus des deux tiers des nouveaux crédits immobiliers, dont elles prenaient à peine 40 % deux ans auparavant. La disparition de leur garantie – plus des deux tiers des 5 trillions de crédits immobiliers concernés – conduirait à des pertes catastrophiques pour les investisseurs qui se croient « assurés ». Enfin, et peut-être surtout, le défaut de Fannie et Freddie sur les 1,5 trillion de dollars de leur propre dette, dont les titres, en raison même du statut de GSE, ont été acquis par des banques centrales ou des fonds étrangers, des fonds de pension, des fonds mutuels et toutes sortes d'autres investisseurs institutionnels, constituerait un choc d'une ampleur telle que le système financier étasunien n'y survivrait pas. C'est pourquoi, pas plus qu'au moment Bear Stearns, les autorités n'hésitent pas un instant, quoique cette fois ce ne soit pas la Réserve fédérale qui soit en première ligne mais le gouvernement lui-même. N'est-il pas, comme le nom GSE l'indique, le « sponsor » de Fannie et Freddie ? Aussi le week-end des 12 et 13 juillet 2008 est-il pour l'US Treasury aussi frénétique que l'avait été celui des 15 et 16 mars pour la Réserve fédérale. Le secrétaire Paulson tente de convaincre dans l'urgence le Congrès de valider un plan prévoyant une extension des lignes de crédit du Trésor aux deux entités et la possibilité de souscrire à leurs futures augmentations de capital. Le tout émarge à 25 milliards de dollars, et cette fois-ci c'est le contribuable qui s'y colle pour de bon – à l'inverse d'Indymac renfloué par le FDIC qui n'est financé que par les cotisations des autres banques, mais comme pour Bear Stearns-JP Morgan.

Bear Stearns, Indymac, Fannie-Freddie – auxquelles il faudrait ajouter l'anglais Northern Rock : autant d'épisodes où le système financier dans son entier est menacé de ruine totale, autant de moments de vie-ou-mort financière globale. C'est bien ce qui différencie la faillite bancaire de la faillite industrielle ordinaire. Certes, une entreprise qui met la clé sous la porte atteint par ricochet ses sous-traitants, les commerces de son bassin économique, etc., mais n'entraînera au pire qu'un petit nombre de faillites collatérales dont les effets ultérieurs iront s'amenuisant. Si elle concerne un opérateur suffisamment important, une faillite bancaire prend aussitôt la portée potentielle d'un événement macroéconomique. Se propageant par le réseau extrêmement dense des engagements croisés, le défaut bancaire produit des effets collatéraux si puissants qu'ils passent aisément le seuil de divergence: par transmission de proche en proche, il ne faut pas escompter leur amortissement progressif comme c'est le cas dans l'économie réelle, mais au contraire leur amplification à chaque nouvelle itération. En un clin d'œil, c'est l'intégralité du système financier qui se trouve concernée. On nomme alors « risque systémique* » ce type de situation où un défaut local engendre un impact global. L'univers bancaire a donc ceci de particulier qu'en ses points critiques il abolit la distinction d'échelle qui sépare ordinairement le microéconomique du macroéconomique. Faisant communiquer l'un et l'autre de plain-pied, il transforme immédiatement les « petites » défaillances en catastrophes géantes.

TENSIONS DANS LE MARCHÉ INTERBANCAIRE

Or la perspective d'une cessation de paiement bancaire apparaît bien avant tous ces épisodes critiques, à partir du moment où la congélation générale des marchés de crédit, dont les banques sont de plus en plus dépendantes, rend extrêmement difficile le renouvellement des financements ordinaires. À la fin des fins, toutes les tensions sur la liquidité des banques qui n'ont pu être résolues dans ces marchés, notamment celui de l'ABCP*, sont vouées à se totaliser dans le marché interbancaire, où quotidiennement les institutions de crédit confrontent leurs excédents et leurs besoins de liquidité et se prêtent mutuellement. Les capacités d'accommodation du marché interbancaire ne sont pas infinies et son fonctionnement se trouve gravement perturbé de l'état de stress financier que connaissent les banques alors que la crise est ouverte. L'apparition des premières pertes et la fermeture en cascade des possibilités de levées de fonds sur les marchés de titres ont semé une telle inquiétude que les banques, devinant qu'elles sont toutes concernées à des degrés divers, n'ont plus pour idée fixe que d'amasser des liquidités en attendant que le choc se produise. Qui a des excédents les conserve jalousement par provision ; qui a des besoins est regardé comme pestiféré potentiel, les tensions de trésorerie étant immédiatement interprétées comme le signe d'une surexposition qui n'a pas encore été complètement révélée. La réfraction de la crise du crédit dans la communauté des banques s'exprime alors de manière privilégiée dans le marché interbancaire, dont les taux les plus courts, notamment le taux dit *overnight* (des prêts du jour pour le lendemain), enregistrent des pics inhabituels et spectaculaires. Le premier d'entre eux survient sur l'euro *overnight* dès la journée du 9 août 2007, avec une poussée de trente points de base*, contre des variations de l'ordre de moins de cinq points de base la veille. L'épisode, récurrent, sera la marque de tous les accès de tension qui vont donner son profil caractéristique à la crise, enchaînant poussées critiques, généralement déclenchées par un tir groupé de « mauvaises nouvelles », et phases de relaxation apparente.

Ces situations « chaudes » sont chaque fois grosses de périls que la banque centrale ne peut pas regarder passivement. Dans une économie capitaliste, le marché interbancaire est le lieu où, à proximité immédiate de la banque centrale bien sûr, se détermine l'ensemble des conditions du crédit pour tous les agents de l'économie, une sorte de saint des saints. Il est simplement vital que rien ne vienne en perturber la subtile horlogerie. D'abord parce que, forme faible, la remontée des taux interbancaires est immédiatement répercutée dans les loyers de l'argent formés par les banques à l'usage des agents de l'économie réelle ; ensuite, forme forte, parce qu'il serait intolérable qu'une banque reste sur le carreau, en manque de liquidité, avec les risques colossaux que ferait courir la suspension de ses paiements. De manière très prévisible, le premier pic de l'Euribor[68] *overnight* le 9 août a sonné la première apparition de la banque centrale, en l'espèce la BCE, sur la scène de la crise financière. La réponse de la BCE est à la mesure du danger tel qu'elle l'évalue – à raison. Ce jour-là, la banque procède à une injection de 95 milliards d'euros de liquidités, assortie d'un engagement d'honorer la totalité des demandes de fonds qui lui seront faites. C'est presque moitié plus que les 69 milliards qui avaient été apportés le 11 septembre 2001. Pas d'erreur, la BCE prend les événements au sérieux.

LA MAIN FORCÉE DU BANQUIER CENTRAL

Ce sérieux du banquier central, les opérateurs de la finance savent pertinemment qu'ils peuvent le tenir pour acquis. C'est pourquoi, sitôt la bulle crevée, le risque systémique* referme invariablement son piège sur les autorités monétaires. La morale libérale voudrait que les gestions aventureuses et les paris perdus soient dûment sanctionnés – en économie de marché, la sanction a un nom : la faillite. Mais quand la faillite est bancaire, rien ne va plus. Le rêve du banquier central serait une faillite bancaire… mais petite. Celle-là, on la laisserait crever avec satisfaction, on l'achèverait même avec la hargne accumulée de toutes les autres – les grosses – qu'il a fallu, la mort dans l'âme, rattraper – malheur aux *petits* banquiers. Mais les banquiers centraux le savent bien dès cet été 2007 : les faillites, s'il s'en produit, ne seront pas petites. Ils ne savent pas moins que, dans ces conditions, les banquiers privés reproduisent vis-à-vis du banquier central le même type de rapport que leurs clients nouent avec eux-mêmes, conformément à l'adage : « Un emprunteur doit 10 000 euros à la banque, c'est son problème ; il lui en doit 10 millions, c'est le problème de la banque. »

Que le « problème » ait changé de camp, tous, banquiers privés et banquiers centraux, en ont une conscience aiguë. À vrai dire, ce n'est une découverte pour personne. C'est même maintenant une habitude aussi ancienne, ou presque, que la déréglementation financière. 1987, 1990, 1998, 2001 et maintenant 2007, ce n'est plus une série, c'est un pli. Les banquiers l'ont parfaitement pris. De fait, jamais le banquier central étasunien ne les a déçus. Alan Greenspan, *le* banquier central de la libéralisation financière, arrivé à la présidence de la Réserve fédérale en 1987 alors que la déréglementation vient d'être lancée et qu'elle produira son premier krach moins de trois mois après sa nomination, a fait du secours systématique aux marchés une quasi-théorie, en tout cas une pratique indéfectible au point d'en être sa marque de fabrique. Ne s'est-il pas d'ailleurs défendu des reproches qui commencent à monter à son encontre en revendiquant fièrement d'avoir laissé croître la bulle immobilière pour des raisons « philosophiques » mûrement délibérées : « Je me rendais bien compte que l'assouplissement du crédit hypothécaire accroissait le risque financier [...]. Mais j'ai compris aussi que l'augmentation du nombre de propriétaires renforçait le soutien au capitalisme de marché [...]. J'estimais donc, et continue de le faire, que les avantages de cet élargissement de la propriété immobilière individuelle valaient bien l'accroissement inévitable des risques. La protection des droits de propriété, si essentielle dans une économie de marché, a besoin d'une masse critique de propriétaires pour bénéficier d'un soutien politique[69] » – cela dit à l'usage de ceux qui ne veulent jamais voir à l'œuvre dans le capitalisme que des forces anonymes et impersonnelles, et surtout rien qui soit de l'ordre d'un projet ou d'une intention politique... Mais la citation laisse rêveur à tant d'autres titres qu'on ne sait plus par où l'attraper. On pense bien sûr aux cohortes de « propriétaires » qui ne le seront pas restés longtemps, jetés à la rue par l'éclatement de la bulle, le surendettement et la saisie. Mais surtout à l'invraisemblable délire de l'idéologue hybridé d'apprenti sorcier qui joue aux dés la réalisation de son fantasme politique d'une « société de propriétaires », base sociale « indestructible » du capitalisme. Et comme il est souvent vite fait de tenir pour fous furieux ceux qui expriment la moindre velléité de transformer le capitalisme, il serait dommage de ne pas saisir l'occasion de montrer les « compétiteurs » de première force qui se trouvent dans le camp de ceux qui en désirent le parfait accomplissement.

En tout cas, le legs de la facilité monétaire est dans tous les esprits. À ce compte-là, pas étonnant que la petite baisse des taux en cas de tension soit devenue un cela-va-de-soi, une sorte d'acquis social de la finance... À ceci près qu'en juillet 2007, ce n'est plus Alan Greenspan, mais Ben Bernanke qui est aux commandes. Et la roue a tourné : les prémices de la crise ont déjà produit quelques interrogations et le révisionnisme n'est pas loin. Qu'elle nous ait évité des effondrements catastrophiques n'est pas douteux, mais la pratique de la détente monétaire érigée en système n'a-t-elle pas eu l'effet contreproductif de reconduire indéfiniment les germes des crises financières récurrentes ? Bernanke n'est pas loin de le penser et, en cette première semaine du mois d'août 2007 où la finance subprimes commence à partir en morceaux, ses dispositions d'esprit ne sont visiblement pas aussi accommodantes que celles de son prédécesseur. Qu'on lui force la main pour le transformer en commis préposé au désengorgement des marchés n'est pas exactement son penchant. Fait inouï depuis la déréglementation, s'ouvre un sourd conflit entre la banque centrale et la banque privée.

Sourd, c'est manière de parler, car le ton va très vite monter. D'abord incrédules, puis ébahis, enfin furieux, les opérateurs financiers n'en reviennent pas que la baisse des taux, que l'habitude leur a fait prendre pour un dû, ne leur soit pas immédiatement servie. Les facilités de l'ère Greenspan avaient fini par les dispenser d'avoir à demander. Les voilà quasiment obligés de réclamer – c'est très désagréable. Alors ils réclament, d'abord d'un ton courroucé. Puis de plus en plus fort. À la fin – qui vient très vite –, carrément ils hurlent. Pour s'en faire une idée, il faut avoir assisté au moment de pure hystérie joué par Jim Cramer sur la chaîne boursière étasunienne CNBC[70]. L'ampleur de la furie en dit long sur les habitudes prises par la finance sous la paternelle tutelle d'Alan Greenspan. Or, confronté à sa première épreuve, Bernanke prend d'abord le parti de jouer le rapport de forces. Il faut désintoxiquer les opérateurs de marché de leurs anciens privilèges et notamment de celui qui consiste à croire que la banque centrale sera toujours là pour rattraper leurs petits excès. De ce point de vue, mettre tous les Cramer en rage est exactement l'effet recherché – défaire un si mauvais pli, pris depuis si longtemps, ne peut pas aller sans éclats ni tensions. Mais les vociférations qui montent de toutes les salles de marché ne sont rien. La vraie force avec laquelle Bernanke entre en confrontation est ailleurs, et elle est d'une tout autre nature. C'est la force d'une *situation*, une force inscrite dans des structures. Les contraintes objectives du risque systémique : voilà ce avec quoi Bernanke doit compter. Le rapport de puissance qui se noue alors n'a strictement rien à voir avec le « tempérament » ou la « force de caractère », comme le veut l'imagerie héroïque du « il suffit de vouloir ». La banque centrale a sans doute le pouvoir de baisser le pouce, mais la finance, si elle tombe, a celui d'entraîner tout le monde avec elle. Bernanke doit rêver d'un monde où la finance pourrait s'effondrer sur elle-même, seule et droite, à la façon d'une tour écroulée par des artificiers. Mais ce monde n'existe pas et, parce que, d'une part, le crédit est le fluide vital de toute l'économie, parce que, d'autre part, les banques en sont les opérateurs, toute crise financière impliquant significativement les banques porte la menace d'un cataclysme impossible à circonscrire.

Bernanke va tenir quinze jours… Pas un de plus. Une victoire à la Pyrrhus, par destruction mutuelle, était le meilleur résultat qu'il pouvait espérer, et il ne peut pas se le permettre. On imagine sans peine son désarroi : il a l'air de se rendre aux braillards de CNBC, alors qu'il cède en fait rationnellement à de tout autres forces. Ayant tenté de pousser son avantage aussi loin qu'elle le pouvait, mais maintenant consciente de la gravité de la crise qui saisit les marchés, la Réserve fédérale abaisse son taux directeur d'un demi-point le 17 août. C'est la première d'une série de neuf baisses successives qui vont le ramener de 6,25 % le 16 août 2007 à 2,25 % le 30 avril 2008…

LES CONQUÊTES DE LA FINANCE

Aussi le champ de bataille qu'est la finance offre-t-il un paysage paradoxal, où les vrais gagnants ne sont pas forcément ceux qu'on croit. En apparence, banques et fonds sont à l'agonie. Leurs pertes sont colossales, leurs réputations en lambeaux. Chaque jour qui passe révèle un peu plus leur impéritie et leur incompétence. Ayant complètement perdu la maîtrise de leur propre destin, elles n'ont plus d'autre choix que de s'en remettre aux décisions de la banque centrale. Elles se déchirent entre elles sous l'effet des tensions extrêmes et des tentatives individualistes de chacun de se sauver avant, ou contre les autres. Suspicion généralisée, stigmatisation mutuelle, contentieux juridiques de toutes sortes, rumeurs fielleuses et déstabilisation empoisonnent l'atmosphère du « club ». L'arrogance de la race des seigneurs n'est plus qu'un souvenir, partout ça transpire l'angoisse et la consternation.

Et pourtant, sauf à ce que survienne enfin une réaction politique à la hauteur de la crise, les conquêtes de la finance sont impressionnantes. Si une fois de plus elle échappe au choc régulateur en retour – et elle le pourrait, tant les velléités de re-réglementation ont été jusqu'ici misérables –, la satisfaction lui en viendra à un moment ou à un autre, lorsque les pertes en voie d'absorption lui sembleront moins cuisantes et que le bilan plus complet pourra être tiré à froid. Car dans ce bilan, en face de la colonne des pertes financières, il y aura celle des conquêtes institutionnelles. En effet, ce que la finance privée, à l'occasion de cette crise, a arraché à la banque centrale est proprement inouï. On passe sur les gigantesques volumes de liquidités injectés aussi bien par la Réserve fédérale que par la BCE à partir du mois d'août – une estimation évalue à 660 milliards de dollars le montant total qu'elles auront déversé à elles deux pendant le second semestre de 2007[71]. Bien sûr, cet argent est créé *ex nihilo* par les banques centrales et, en première approximation, il ne coûte rien à personne, en particulier pas aux contribuables. Bien sûr, il est émis sous la forme de prêts à très court terme, dont les échéances vont de quelques jours à quelques semaines, et sont dûment remboursés. On n'échappera cependant pas à la comparaison entre ces 600 milliards mis à la disposition de quelques dizaines d'institutions financières et, par exemple, les 21 milliards de « soutien » du FMI à l'Argentine de 2000 à 2002, pour ne rien dire du refus de tout crédit supplémentaire après la grande crise de décembre 2001[72]. On passe également sur les neuf baisses de taux dont la finance glapissante avait fait une sorte de minimum syndical – mais qui auront tout de même rendu négatif le coût *réel* (c'est-à-dire corrigé de l'inflation) du refinancement des banques. Ces seuls trophées constitueraient pourtant déjà en eux-mêmes de très belles prises de guerre. Mais les véritables triomphes sont ailleurs.

L'ère des procédures d'exception

Quand une banque a épuisé toutes ces possibilités de lever des fonds, par émission sur les marchés de titres, ou sur le marché interbancaire, il lui reste toujours la solution des guichets de la banque centrale. Elle y troque pour une période limitée, généralement courte – 24 ou 48 heures –, des titres qu'elle a en portefeuille contre monnaie. Seuls des « papiers » de très bonne qualité sont éligibles à cette procédure dite du réescompte – bons du Trésor ou créances commerciales de premier rang. Or les banques centrales vont se livrer à plusieurs extensions considérables de ce schéma général du refinancement bancaire. Dès le 17 août 2007, la Réserve fédérale fait passer l'usuelle échéance de ses opérations de réescompte d'*overnight* (24 heures) à... 30 jours, qui plus est renouvelable à la demande des institutions bancaires. Le 16 mars 2008, cette échéance est même portée à 90 jours. Traditionnellement, les demandes de réescompte étant laissées à l'initiative des banques demandeuses, elles sont satisfaites par la banque centrale à un taux d'intérêt supérieur à celui de ses autres guichets (notamment celui dit de l'« adjudication » [voir encadré p. 144]), qu'elle ouvre quand elle veut et pour les volumes qu'elle veut. Or la Réserve fédérale décide, le 17 août 2007, de réduire cet écart de taux de 100 à 50 points de base*, puis, le 16 mars 2008, à 25 points de base.

Ceci n'est rien à côté de ce qui va suivre. Dans une démonstration de force coordonnée d'une rare ampleur, la Réserve fédérale, la BCE, la Banque du Canada, la Bank of England et la Banque Nationale Suisse décident, le 12 décembre 2007, non seulement d'une de ces injections de liquidité hors norme qui scandent la période, mais surtout d'un élargissement jamais vu des modalités du refinancement aussi bien en volume qu'en durée et, surtout, en qualité des papiers éligibles. La nouvelle facilité ouverte par la Réserve fédérale, dite TAF *(Term Auction Facility)*, est une procédure d'adjudication hors norme.

LES PROCÉDURES D'ADJUDICATION

> À l'inverse du réescompte, déclenché par les banques demandeuses, mais obtenu à des conditions déterminées par la banque centrale, notamment d'échéance et surtout de taux, la procédure d'adjudication opère pour ainsi dire à la façon d'une enchère et en deux temps. Chaque banque privée formule d'abord auprès de la banque centrale une demande de liquidité dont elle spécifie et le volume et surtout le taux qu'elle-même se propose de payer. Il y a enchère car la banque centrale, ayant ramassé toutes les demandes, choisit souverainement dans un second temps de satisfaire celles qui lui conviennent le mieux – parce qu'elles se proposent de lui payer le meilleur taux.

Non contentes d'annoncer à l'avance l'ouverture d'adjudications spéciales de fort calibre – la Bank of England étend son offre de 2,85 à 11 milliards de livres, la Réserve fédérale programme deux actions de 20 milliards de dollars chacune[73] et déclare que la procédure restera en place pour les six prochains mois, et plus encore si nécessaire –, les banques centrales, comme elles l'ont déjà fait pour le réescompte, font passer l'échéance des concours de liquidité par adjudication des usuelles 24 ou 48 heures à 28 jours. Mais le point le plus spectaculaire réside sans doute dans l'ouverture considérable de l'éventail des collatéraux* déclarés admissibles au réescompte puisque, loin d'être restreint comme il l'était jusqu'à présent aux papiers de qualité supérieure, il s'étend maintenant aux *Mortgage Backed Securities* elles-mêmes… c'est-à-dire à ce qu'il y a de pire dans l'état actuel du marché. Certes, soufflant le chaud et le froid pour ne pas sembler tout céder à la finance privée, ces adjudications sont réalisées à un taux d'intérêt « pénalisateur » supérieur de 1 point au taux officiel. Certes encore, la banque centrale n'acquiert ces titres qu'en leur appliquant d'emblée une substantielle décote (*haircut* dans le langage des opérateurs). À n'en pas douter pourtant, il s'agit là d'une facilité sans précédent offerte aux banques, et d'une décision lourde de conséquences pour le banquier central. D'une part, elle entraîne *de facto* une monétisation, même temporaire, des pertes puisqu'elle offre la possibilité aux banques commerciales de rendre liquides des titres pour l'heure invendables sur les marchés et dont on n'a pas encore vu le bout de la dévalorisation. Mais comme, d'autre part, il n'y a pas de miracle, ces pertes futures doivent bien finir quelque part et portées par quelqu'un : ce sera par l'actif de la banque centrale qui en fait l'acquisition tout le temps de la prise en pension. Jusqu'à quel point la banque centrale peut-elle tolérer de laisser son bilan se remplir d'actifs pourris ? C'est la question décisive. Certes, l'acceptation de la monnaie n'est pas entièrement gouvernée par les seuls actifs « tangibles » de la banque centrale. Elle est soutenue par un actif « intangible » que l'on pourra appeler la confiance pour faire court, et dont la formation et l'accumulation répondent à des déterminations qui vont bien au-delà des seules considérations financières. Il n'en demeure pas moins que la coexistence des actifs intangibles et des actifs tangibles peut devenir problématique lorsque ces derniers sont d'une qualité si dégradée qu'ils menacent de détériorer les premiers. N'est d'ailleurs problématique pas tant le fait en soi que l'actif de la banque centrale verrait sa qualité moyenne baisser du fait de certaines reprises douteuses, que le fait qu'elle puisse apparaître comme prenant parti pour un certain groupe d'intérêts privés dont elle soulage les tensions – avec lesquelles les agents ordinaires doivent se débrouiller par eux-mêmes. Si la légitimité de la monnaie suppose l'impartialité, ou plus exactement la croyance en l'impartialité, de la banque centrale, alors il est à craindre que son implication trop prononcée au secours de certains intérêts ne brise son statut revendiqué d'« équidistance ». À la vérité, la banque centrale est rien moins que neutre : depuis deux décennies, elle a *de fait* pris le parti des créanciers contre les débiteurs et du capital contre le travail. Mais son intervention dans la crise déchire le voile et rend outrageusement visible ce qui d'habitude passe plus inaperçu. Et c'est peu dire que la banque centrale accepte de s'engager sur des sentiers dangereux pour se porter au secours de la finance structurée*.

Les banques d'investissement forcent l'accès au refinancement

Or elle ne s'y engage pas à moitié. La deuxième grande conquête de la finance privée est presque aussi importante que brève à énoncer : les *primary dealers*, c'est-à-dire les vingt plus grandes maisons de titres, voient leur accès au refinancement considérablement étendu – une décision dont le dernier précédent remonte à 1929 ! Réescompte et TAF *(Term Auction Facility)* sont en effet réservés aux seules *institutions de dépôts*, les banques d'investissement n'y sont pas admises. Or elles sont en première ligne sur le front de la crise des marchés de crédit, et c'est dans cette catégorie d'établissement que se trouvent les plus grandes tensions de liquidité et que pourrait bien se concentrer le risque systémique. Certes, les *primary dealers* ne sont pas complètement hors des circuits de la banque centrale. Ils ont notamment accès à l'*open market*, sur lequel cette dernière prend des titres contre liquidité. Mais l'*open market* ne contribue que pour une fraction très faible aux opérations de refinancement des *primary dealers* qui, pour l'essentiel, trouvent leurs liquidités sur les marchés de titres classiques… maintenant en panne. C'est pourquoi la Réserve fédérale ouvre grand les vannes dans leur direction quelques jours à peine avant de devoir faire face à la faillite de Bear Stearns.

La *Term Securities Lending Facility* (TSLF), ouverte le 11 mars, autorise les *primary dealers* à échanger pour

28 jours leurs titres illiquides contre des titres de première qualité beaucoup plus faciles à vendre dans les marchés standard. Certes, une fois de plus, ce « troc » de titres s'effectue à des conditions restrictives. En l'espèce, il ne concerne que des dérivés de crédits immobiliers émis par les organismes hypothécaires sous garantie d'État (Freddie et Fannie), et moyennant la traditionnelle *haircut* (c'est-à-dire la décote). Mais cette facilité offerte aux banques d'investissement jusqu'ici écartées des procédures usuelles du refinancement est sans précédent. La Réserve fédérale ira même plus loin quelques jours plus tard. Alors que la TSLF ne propose qu'un simple *swap* de titres, à charge pour les bénéficiaires de se procurer des liquidités par eux-mêmes en revendant dans les marchés classiques les titres de bonne qualité obtenus à l'échange, la Réserve fédérale ouvre le 16 mars la *Primary Dealer Credit Facility* (PDCF) qui offre cette fois aux banques d'investissement l'équivalent d'une procédure de réescompte, au surplus immédiatement étendue aux collatéraux les plus scabreux. La PDCF fournit en effet *directement* de la liquidité aux *primary dealers*, et le cas échéant contre titres infréquentables – en effet, elle ne prend plus seulement du Freddie Mac ou du Fannie Mae de qualité à l'époque supposée supérieure mais du MBS* de grand chemin. C'est du jamais vu depuis soixante-dix ans.

La formidable ambivalence des relations nouées entre la finance privée et la banque centrale autour de la question névralgique du risque de système nourrit donc ce paradoxe qui veut que les conquêtes arrachées par les banques sont proportionnelles à la gravité de leur situation ! Aussi chaque crise qui ne se termine pas dans la ruine finale est-elle l'occasion de mettre un coin de plus dans la porte et d'arracher une nouvelle (et bien nommée) « facilité » dont on peut être sûr que la finance saura faire ce qu'il faut pour lui donner tout le lustre jurisprudentiel possible et en faire un acquis irréversible. Qu'a donc conquis la finance à l'occasion de la crise des subprimes? Elle a conquis que la banque centrale a été capable de *ça*. Que la politique du bord du gouffre est certaine d'arracher à l'autorité monétaire le dépassement de soi, la répudiation de ses propres limites, le renversement de ses normes, bref *l'exception*. Mais c'est un cercle vicieux infernal! Car les nouvelles exceptions bientôt transformées en norme, les nouvelles sécurités inventées dans l'urgence mais maintenant connues de tous et prêtes à être réclamées à nouveau si besoin est, les dispositifs exorbitants du droit commun mais prêts à y être intégrés, toutes ces ruptures ne font que repousser la limite des risques que la banque centrale est capable de parer... et encourager la finance privée à les prendre dès qu'elle se sera refait une santé. Voilà donc la banque centrale prise dans un dilemme en apparence insoluble: plus spectaculairement elle rattrape les catastrophes antérieures, plus certainement elle prépare les catastrophes à venir...

LA SOLUTION AU « DILEMME DU SAUVETEUR » : LA CONDITIONNALITÉ

Serait-ce que le nœud coulant est trop bien ajusté ou qu'Alan Greenspan avait une dilection particulière pour se passer la corde au cou? À ce propos, il est utile de signaler que si la question de l'indépendance de la banque centrale vis-à-vis des gouvernements est ressassée jusqu'à la nausée, celle de son indépendance vis-à-vis de la finance privée est à peine envisagée... Servitude volontaire ou contrainte, force est de constater en tout cas que la strangulation aura semblé imparable au fil de ces crises successives toutes rattrapées de la même manière, à savoir en confortant la finance dans l'idée que le banquier central serait toujours là pour elle.

Il faut être de bonne composition pour ne pas céder complètement au sentiment du scandale. Portant beau, arrogants sans limites et riches au-delà de tout, les hommes de la finance, qui communient en l'idéologie du mérite individuel avec la conviction intéressée requise pour justifier leurs gains extravagants, n'ont rien de plus pressé que d'appeler à l'aide la puissance publique quand le temps se gâte, et eux, les convaincus de l'initiative privée, qui n'ont jamais de mots assez durs pour fustiger l'essence intrinsèquement stalinoïde de l'État, se précipitent à ses guichets pour implorer sa protection – et la remise de leurs pertes. La théorie économique, parfois capable de délicieux euphémismes, nomme ainsi délicatement « aléa de moralité » la propension d'un agent qui se sait sous la protection d'un assureur à se surexposer à des risques qu'il ne contracterait pas dans les mêmes proportions s'il se savait devoir en répondre par ses propres moyens. Passe encore qu'on parle d'aléa moral quand le contrat d'assurance est explicite et réciproquement agréé. Tout autre est la situation dans laquelle une des (futures) parties est, de force, contrainte d'endosser le rôle de l'assureur. Il n'y aurait pourtant que des avantages à appeler les choses par leur nom, c'est-à-dire à qualifier de *prise d'otage* cette situation d'« assureur forcé » dans laquelle la finance a les moyens de contraindre le pôle public à lui venir en aide, sous la menace de conséquences insupportables s'il n'obtempérait pas. Il en est ainsi parce que les structures du capitalisme veulent que la finance y occupe une place très particulière en laquelle ses déboires locaux sont voués à produire des effets globaux. En d'autres termes, quand elle s'effondre, la finance n'est jamais seule : elle emporte tout à sa suite. Ce devrait être une raison suffisante pour lui imposer les plus sévères contentions – au lieu de quoi on lui a accordé toutes les licences possibles. À défaut de cette élémentaire prudence, le risque systémique irradie depuis le point névralgique d'où opère la finance, dont les crises, impossibles à circonscrire, retentissent nécessairement sur l'économie entière. Il y a quelque chose d'insupportable dans cette asymétrie par laquelle la finance a les moyens de lier son sort à celui de tous les autres agents mais pour le pire seulement – car pour le meilleur on repassera : si elle transmet généreusement les dégâts du krach, la finance conserve soigneusement pour elle seule les profits de la bulle. Il y a de quoi s'étonner que cette combinaison de cupidité totalement déboutonnée, justifiée d'idéologie individualiste, contredite d'irresponsabilité manifeste, avide de protection quand sont chantées les louanges du risque, accapareuse de profits et partageuse de pertes, vomissant l'État mais courant s'y réfugier, n'ait pas constitué un mélange politique hautement détonant, particulièrement quand on pense au prix des crises financières tel qu'il est payé par l'économie réelle, sous la forme d'éventuelles contributions fiscales, mais surtout en manque à croître et en surplus de chômage.

Même s'il est extrêmement pénible de se faire à cette idée, le risque systémique, qui rend haïssable la classe bancaire, certes un peu déconfite mais bien installée dans la certitude que le secours ne manquera pas de venir, est pourtant cela même qui oblige le secours à venir. Car la satisfaction immédiate de la ruine infligée à des fâcheux serait de courte durée, et vite suivie du regret autrement plus intense de se trouver à son tour emporté par le glissement de terrain général – redisons que la prise d'otage conduite par la finance n'est si réussie que parce qu'elle est soutenue par des structures objectives. La logique ne trouve donc pas parfaitement son compte si le plaisir de voir couler un banquier doit se payer du prix de le suivre aussitôt aux abysses. Or, à structures invariantes, toute bulle qui éclate en armant un risque systémique ne laisse pas d'autre choix que d'intervenir pour sauver la mise des responsables que tout porterait autrement à châtier sévèrement.

Il y a malgré tout de quoi s'étonner de cette récurrence en apparence infaillible de la prise d'otage et du sauvetage contraint, alors même que la clause qui les rend possibles est facile à identifier – elle vient d'être énoncée: «à structures invariantes». Si la prise d'otage financière est une situation entièrement inscrite dans une certaine configuration des structures, il est également certain que la situation perdurera tant que les structures demeureront les mêmes… et, inversement, qu'on pourrait y mettre un terme en transformant celles-ci radicalement. La chose semble d'une parfaite trivialité, et pourtant il semble que la difficulté à la découvrir rende nécessaire de l'expliciter à nouveau: pour rendre impossible une situation déplaisante, il faut détruire ses conditions de possibilité!

Si c'est une question de *conditions*, l'occasion est sans doute la bonne de se souvenir d'autres situations de détresse financière en lesquelles les «sauveteurs» n'avaient pas omis de prendre les dispositions propres (en fait: qu'ils croyaient propres) à éviter leur renouvellement. Ils les avaient d'ailleurs prises avec une particulière brutalité, car c'est au «sauvetage» des pays endettés du Sud qu'il est fait ici référence – où les guillemets sont de rigueur pour parler d'un «sauvetage» qui laisse les «sauvés» à moitié morts. Mais le point important est ailleurs. Il est dans le fait que, comme on sait, les bailleurs de fonds en charge de soustraire ces États au défaut sur leur dette publique n'ont consenti leurs crédits de secours qu'assortis d'une liste de *conditions* – nous y voilà – longue comme le bras. La *conditionnalité*: le FMI en a même fait le cœur de sa doctrine d'intervention. Pas un sou sans transformations saignantes, comme toujours appelées «réformes». L'«ajustement structurel» a donc été la contrepartie obligatoire, la clause *sine qua non* du concours financier. Mais il semble que le conditionnement de l'aide par une astreinte de bouleversement radical ne soit réservé qu'aux pays du Sud. La finance de Wall Street est au-dessus de ça; qui pourrait bien avoir l'idée incongrue d'exiger d'elle quoi que ce soit? Personne jusqu'ici visiblement, à en juger par la tranquillité préservée avec laquelle elle a traversé toutes les crises – alors même que leur récurrence prouve à quel point elle est déréglée.

Alors c'est entendu : cette fois encore, la bulle s'est formée, et puis a crevé ; cette fois encore le risque systémique s'est armé et l'État doit se précipiter. Mais c'est la dernière ! Il faut sauver la finance ? Ce sera fait – nous n'avons guère d'autre choix... Mais ce ne sera pas pour laisser les choses en l'état, ni le manège repartir pour un tour. En d'autres termes, ce ne sera pas *sans condition.* Et la condition, c'est que maintenant on change tout.

5

Tout changer !

Il y a pire que le spectacle de la finance à la fois déconfite mais très sûre d'être rescapée, pire que l'anticipation des dégâts nés dans une principauté de la finance grande comme un timbre-poste, mais voués à affliger le reste de l'économie qui n'y a pris aucune part : il y a la perspective qu'une fois de plus tout cela ait eu lieu pour rien, qu'aussi peu de leçons en soient tirées et que, rien n'étant ni acté ni changé les mêmes causes s'apprêtent d'ici quelques années à reproduire les mêmes effets. Or, non seulement le souvenir des crises antérieures, aussi spectaculaires aient-elles été, semble complètement effacé, jusqu'à rendre impossible de former l'idée pourtant simple que ces événements successifs forment une *série*, mais la réaction à chaud, au cœur de l'événement courant, est d'une indigence qui laisse pantois. « Tout en préférant des solutions de marché, si les acteurs de marché s'avèrent inaptes à traiter ces problèmes, nous sommes prêts à considérer des solutions de remplacement réglementaires », déclare sans rire le communiqué de la « réunion de crise » européenne tenue le 29 janvier 2008 à Londres. Mais cette inaptitude est avérée depuis vingt ans ! Et la démonstration chaque fois faite que la finance de marché est incapable de se sortir par ses propres moyens des effondrements qu'elle a elle-même produits. Pourtant, le ton est martial et pénétré : au bout de vingt ans d'observations minutieuses, les dirigeants européens avertissent d'un air menaçant : ils sont « prêts à considérer ». Gordon Brown passe pour avoir beaucoup œuvré à la production de ce filet d'eau tiède. Il a pourtant sur les bras depuis un trimestre la faillite de Northern Rock qu'il lui va falloir nationaliser bientôt – mais ce n'est pas encore suffisant pour être bien certain qu'il faille passer à l'étape au-delà de « considérer ». Puissance des intérêts à ne pas apprendre...

IMPASSE DE BÂLE

On niera cependant que rien n'ait été fait depuis tout ce temps : n'y a-t-il pas, installé à Bâle, un comité pour l'édiction de normes internationales de supervision financière ? Certes, il y en a un. Mais rappeler son existence, n'est-ce pas le renvoyer *ipso facto* à son insuffisance si l'on en juge par son incapacité à avoir empêché quelque crise que ce soit ? Ce n'est pas qu'il n'ait rien fait à proprement parler. L'édiction de la réglementation Cooke et la définition des ratios de capital* prudentiels sont à l'évidence une contribution intéressante à la régulation bancaire. Mais tellement loin de ce qu'il aurait fallu déployer pour enrayer les mécanismes déstabilisateurs des marchés de capitaux – en 2007, à l'évidence, ces braves ratios n'étaient pas à la hauteur. La pusillanimité d'un comité, composé de personnes qu'on rangerait avec peine dans le camp des ennemis de la finance[74], et la lenteur de ses délibérations, puisqu'il se propose d'obtenir des consensus internationaux, notamment avec des pays comme les États-Unis et le Royaume-Uni dont les intérêts stratégiques sont liés à la déréglementation financière, le vouent aussi bien aux mesures inoffensives qu'à être systématiquement en retard sur l'événement. De ce point de vue, le calendrier des travaux du groupe Bâle II est en soi éloquent. Ses travaux sont lancés fin 1998, sous le choc manifeste de la crise financière internationale, passée au travers de Bâle I avec une parfaite aisance. Les accords de Bâle II déboucheront... en 2004 ! Pour mise en œuvre… fin 2006! Manière d'enchaîner dans la foulée avec la crise des subprimes qu'ils auraient été strictement incapables de contrer, et après avoir « passé leur tour » pour la crise Internet de 2000-2002. Huit ans de laborieux efforts pour découvrir immédiatement que le dispositif est sans aucune pertinence, mort-né… Malheur donc à ceux qui compteraient sur Bâle III pour leur éviter la prochaine crise.

Cette carence est en fait bien plus profonde qu'un simple retard chronique à l'allumage. C'est l'approche fondamentale du contrôle des risques financiers, telle qu'elle est en vigueur toutes institutions de supervision nationales et internationales confondues, qui est en cause. Dans ces principes cardinaux, et pour tous ses efforts, Bâle II reste en effet dans le droit fil de son prédécesseur : 1) récapituler les divers encours risqués de chaque banque, crédits portés et actifs de marché, et les pondérer en fonction de leur nature ; 2) définir un niveau de couverture minimale en fonds propres de ce risque consolidé-pondéré – le ratio Cooke de 1988, retravaillé et rebaptisé McDonough en 1996, fixe ce plancher à 8 %. Toute la question est donc celle de la mesure des risques. Des deux solutions proposées par Bâle II en cette matière, force est de constater que la première est simplement consternante quand la seconde est congénitalement défectueuse.

L'« évaluation externe »… par les agences de notation!

Résumé à soi seul de la benoîte lenteur de la régulation prudentielle rapportée au rythme réel de l'histoire financière, Bâle II ne craint pas de proposer que le risque des banques puisse faire l'objet d'une évaluation externe confiée… aux agences de notation. En rire ou en pleurer? Bien sûr, l'idée est d'une parfaite fraîcheur lorsque le comité se met au travail en 1999. Malheureusement, aussi bien la crise Internet que celle des subprimes auront démontré l'inanité des

« évaluations » rendues par des agences profondément corrompues par les conflits d'intérêt marchands où elles se trouvent prises. Par un tragique contretemps, le pachyderme bâlois se réveille alors qu'une crise majeure, celle de la bulle Internet, a déjà eu lieu, qu'une autre est en cours de lancement, et qu'elle n'a su tirer les enseignements d'aucune. Mais la proposition de confier la mesure des risques aux agences de notation alors que celles-ci sont au comble du discrédit n'est-elle pas finalement dans le droit fil des parodies de « régulation » financière telles qu'elles ont été mimées jusqu'ici ? Le naufrage de l'évaluation par les agences est avéré depuis cette époque fameuse où elles auront certifié la valeur des fusions de l'Internet et communié dans la croyance collective qu'elles avaient pour charge de tempérer. Le tollé qui s'en était suivi a été audible de tout le monde, sauf du comité bâlois. Il est vrai que personne n'a ensuite tenu le moindre compte de ce qui venait de se passer, comme en témoigne la répétition à l'identique de l'épisode subprimes quelques années plus tard ; et de ce point de vue, le schéma de Bâle II ne se signale que par sa moindre maîtrise du timing de l'indignation feinte et de l'oubli – et aussi par une moindre sensibilité au ridicule.

La carence ontologique des modèles de Value-at-Risk

La deuxième procédure de mesure des risques incluse dans Bâle II est beaucoup moins grotesque en apparence, mais finalement pas moins pernicieuse. Elle ne fait d'ailleurs pas autre chose que consolider l'un des éléments les plus fondamentaux de la doctrine prudentielle bâloise, et quand on y pense l'un des plus sidérants, à savoir que le superviseur choisit de déléguer aux supervisés la tâche de leur propre supervision ! Certes, il ne s'agit que d'un régime de semi-liberté, car le contrôleur se réserve tout de même de contrôler l'autocontrôle des contrôlés. Mais ce méta-contrôle est de portée nécessairement limitée car les deux parties sont entièrement d'accord sur les méthodes du contrôle, et le surveillant ne fait que vérifier leur bonne application par le surveillé. Or c'est la méthode qui pose problème.

Comme leur nom le laisse entendre, les modèles dits de *Value-at-Risk* (VaR – valeur exposée au risque) utilisés par les banques tentent d'apprécier les pertes qui résulteraient de la matérialisation de certains événements défavorables. Plus précisément, ces modèles doivent produire une estimation du type suivant: « la banque risque de perdre V euros dans les N prochains jours avec une probabilité X. » Dans la perspective prudentielle, l'horizon N et le seuil de probabilité X déterminant la robustesse de l'estimation de perte sont fixés conventionnellement *a priori* – en général l'horizon est de dix jours et la probabilité de 99 %: « la banque a une exposition telle que, d'ici à dix jours et à 99 % de probabilité, elle va perdre V », voilà donc la conclusion espérée des modèles VaR. 99 % de probabilité, se dit-on spontanément, c'est de la quasi-certitude; si les modèles sont robustes, la maîtrise du risque est presque parfaite. Mais les modèles sont-ils robustes? C'est toute la question.

Il y a d'abord la réponse du maçon et du mur: comment les modèles VaR se sont-ils effectivement comportés à l'épreuve? La réponse est: mal. Évidemment les partisans les plus dévoués de la finance quantitative plaident l'imperfection transitoire et rappellent combien la marche de la science est progressive – mais irrésistible: si les modèles ont sans doute pour l'heure quelques ratés, il n'est cependant pas un problème qui ne finisse par céder au travail et à la recherche. Il y a pourtant des raisons de penser que cet optimisme pourrait buter sur un obstacle fondamental et insurmontable, tenant à la question même de savoir s'il est possible, et jusqu'où, de saisir le risque financier par le calcul de probabilité. La transcription du risque dans le langage des probabilités est une pratique tellement commune qu'elle en est devenue inquestionnée. Les modélisateurs, considérant l'interrogation comme triviale, ont donc à peine conscience des choix théoriques – absolument non triviaux – qu'ils engagent au moment où ils font l'hypothèse que les variations des prix des actifs financiers sont gouvernées par telle ou telle loi de probabilité*[75]. L'essentiel de leurs débats d'ailleurs ne porte que sur la compétition entre différentes lois de probabilité susceptibles d'entrer dans le modèle à titre d'hypothèse : faut-il préférer *celle-ci*, ou bien *celle-là* livre-t-elle de meilleurs résultats ? Par un souci d'économie intellectuelle assez compréhensible, les modélisateurs ont commencé par le plus simple. De tous les instruments offerts par le calcul de probabilité, la loi dite « gaussienne » est la plus communément employée… car la plus facile à manier. Mais les lois gaussiennes ont la mauvaise propriété de figurer les grandes variations de prix comme des événements de probabilité infime… alors même qu'ils ne manquent pas d'être assez fréquemment observés dans la réalité financière. S'ouvre alors le concours Lépine de la densité* (loi) de probabilité la plus « réaliste » : loi de Pareto, distributions dites leptokurtiques, tout y passe, et la boîte à outils est profonde. Mais plus la recherche de la « bonne hypothèse » est frénétique, plus elle fait perdre de vue l'essentiel. L'essentiel, c'est qu'imaginer trouver un jour la « bonne densité de probabilité » n'est pas autre chose que croire à l'existence de lois de la nature financière. Cette croyance pourrait recevoir le nom de « probabilisme objectif » puisqu'elle considère qu'il existe *objectivement* une certaine loi de probabilité – « nous finirons par la trouver » – qui gouverne les prix des actifs.

Dans une série de contributions qui offrent sans doute la critique la plus profonde, et la plus conforme à l'héritage keynésien, des présupposés ordinaires de la finance quantitative, André Orléan a montré combien cette postulation parfaitement innocente en apparence était fragile[76]. Et combien plus pertinente est l'approche alternative qui consiste à considérer que « la » densité de probabilité ne tombe pas du ciel des « natures objectives », *mais est le produit endogène des interactions des opérateurs financiers.* C'est dire qu'elle-même peut varier puisque ces interactions sont susceptibles de connaître des régimes très différents. Et c'est bien en cela que consiste une crise financière : un *changement de régime.* Les brutales tensions sur la liquidité en offrent le meilleur indice : un jour le marché opère normalement, animé par des agents dont les vues sont suffisamment hétérogènes et indépendantes pour qu'il y ait des acheteurs et des vendeurs ; le lendemain, tous ont été saisis par la même panique et, se copiant mutuellement, se précipitent uniment vers la sortie. C'est la modification radicale de la configuration des interactions entre opérateurs, exprimée notamment par la variation brutale du degré d'hétérogénéité (ou d'homogénéité) des comportements, qui produit le changement de régime, et la transformation *qualitative* de la densité de probabilité en vigueur. Si on veut absolument conserver le concept de loi pour décrire les phénomènes de la finance – et c'est un propos qui pourrait en fait être étendu à tous les phénomènes de l'économie –, il faut alors bien avoir en tête que ce ne sont pas de lois naturelles et invariantes dont il est question, mais de lois temporaires, changeantes et contingentes. On peut donc, si l'on veut également, conserver le cadre général probabiliste mais en lui faisant subir un amendement de taille et en le requalifiant adéquatement : là où la finance quantitative croit dur comme fer au probabilisme objectif, on pourrait même dire au probabilisme transcendant, il n'y a en réalité qu'un probabilisme immanent : les lois de probabilités ne tombent pas du haut d'un ciel des idées, elles émergent du bas, conformées par les interactions concrètes des agents – une autre façon de redécouvrir que Dieu n'existe pas.

Si le probabilisme objectif fait profondément fausse route et que seule l'hypothèse – ou la méta-hypothèse – du probabilisme immanent est la bonne, il en résulte une conclusion dévastatrice pour toutes les tentatives d'estimation de la *Value-at-Risk*. Le caractère « émergent », et par suite contingent, des lois de probabilité a en effet pour déplorable conséquence de rendre celles-ci… indéterminées, et donc inconnaissables *ex ante*! Certes, les hypothèses usuellement retenues par le probabilisme objectif se montrent convenablement fiables en régime « normal ». En revanche, quand font-elles collapsus pour muter brutalement, sous l'effet de quelle sorte de mécanisme ou d'événement, et quelle forme aura la nouvelle densité de probabilité surgissant de cette « transition de phase », ce sont des questions vouées à rester impénétrables. De même que la chouette de Minerve s'envole au crépuscule, ces questions-là ne trouvent réponse qu'au cœur de la crise – c'est-à-dire trop tard. Les modèles de *Value-at-Risk* rejoignent donc les « garanties » de la liquidité au magasin des accessoires bizarres, rayon « parapluie pour beau temps ». Ils disent des choses à peu près utiles et fiables quand tout va bien, mais sont soudainement frappés d'incapacité au moment où l'on aurait vraiment besoin d'eux!

L'indétermination des changements de régime

Ceci tient au fait que toute la configuration probabilitaire du problème se trouve fondamentalement altérée au moment où se déclenche la crise, et notamment la structure des corrélations entre les prix des diverses classes d'actifs. Les stratégies de couverture misent beaucoup sur la norme habituelle de ces corrélations puisque le risque de variation intempestive du prix d'un certain actif peut être compensé par une position identique prise sur un actif corrélé négativement avec le premier : la perte encourue sur celui-ci se trouve alors effacée par le gain réalisé sur le second. Mais la crise, qui ne respecte rien, n'a malheureusement pas le bon goût de laisser invariante la structure de ces corrélations, elle peut même aller jusqu'à la renverser complètement, au point de prendre à contre-pied toutes les stratégies de couverture… et de les transformer en machines infernales à amplifier les pertes! Il en est ainsi parce que l'assèchement brutal de la liquidité a le don de se propager de manière fulgurante à travers les compartiments de marché: les opérateurs, incapables de vendre leurs actifs dans un premier marché, et devant cependant impérativement retourner au cash, se reportent sur le marché d'à côté pour se mettre à y vendre ses actifs, provoquant ainsi son illiquidité à son tour, puis fuient vers d'autres marchés encore, etc. De nombreuses classes d'actifs autrefois indépendants, ou de corrélation négative, se mettent alors à varier synchroniquement et dans le même sens. Là où un opérateur comptait sur une hausse de l'actif B pour couvrir la baisse de l'actif A avec lequel il est «d'habitude» corrélé négativement, voilà que B et A plongent de concert, et que les pertes sur les deux s'additionnent au lieu que leurs évolutions se compensent comme on l'attendait.

À vouloir «passer» sur tous les temps des marchés avec la même hypothèse unique d'une loi de probabilité invariante, le probabilisme objectif est sûr d'y perdre son latin. Et si d'aventure il se résolvait à la thèse alternative des «bifurcations» et des changements de régime, il lui faudrait alors reconnaître l'indétermination *a priori* de ce que la crise, processus créateur sous ce seul rapport, fait surgir. De quelle manière les opérateurs se comporteront-ils quand le marché se retournera, à quel degré de panique mimétique céderont-ils: cela, nul ne peut le dire *avant*. Les modèles – et les modélisateurs – peuvent bien se gargariser de toute leur sophistication, ils ne valent jamais que ce que valent leurs hypothèses, et l'on sait déjà qu'au moment critique celles-ci ne vaudront plus rien. Cette carence est d'autant plus insurmontable que le risque majeur que devraient saisir les modèles de VaR est le risque de liquidité, c'est-à-dire le risque d'un dérèglement du marché si profond qu'il entraîne la disparition des prix d'équilibre. Or, en dernière analyse, le risque de liquidité est un risque « d'opinion », un risque « de croyance », et par suite il est de probabilité rigoureusement inassignable. Comme l'avoue à sa manière un régulateur cité par *The Economist*, « le risque de liquidité est une sorte de risque catastrophique – on l'a ou on ne l'a pas[77] ». Il y a donc dans la modélisation du risque financier quelque chose de l'Enfer de Dante : ceux qui y entrent doivent abandonner toute espérance. L'inaptitude des modèles n'est pas circonstancielle ou accidentelle, elle n'est pas l'effet du processus progressif de la recherche qui ne sait pas tout tout de suite et qui a légitimement besoin de temps pour cheminer vers des conclusions assurées. Cette inaptitude est *essentielle*, elle est pour ainsi dire ontologique. On peut laisser autant de temps qu'on veut à la finance quantitative, elle se heurtera toujours à cet infranchissable obstacle auquel, après Knight puis Keynes, on réserve un nom spécial pour écarter la confusion avec le *hasard* probabiliste : l'*incertitude radicale*. Une fois de plus, c'est « à l'intérieur » qu'on trouve les plus lucides : Tim Guldimann, qui développa pour JP Morgan les premiers modèles de VaR au début des années 1990, le reconnaît sans ambages : « la gestion du risque a à voir avec des choses dont on ne sait pas qu'on ne les sait pas[78] » – la définition même de l'incertitude radicale au sens de Keynes. Et d'enchaîner : « la VaR conduit à l'illusion de pouvoir quantifier tous les risques et par suite de les contrôler » – « l'illusion » : c'est lui qui le dit.

La sagesse bâloise a-t-elle confusément conscience de ces insuffisances ? Toujours est-il que sa confiance en les indications de pertes potentielles livrées par la *Value-at-Risk* a des limites et que, pour faire bonne mesure, elle a décidé de lui appliquer des marges de sécurité : on multipliera donc par trois – pourquoi trois et pas dix, ou 1,75 ? – les résultats de la VaR, coefficient d'ailleurs révisable à discrétion du régulateur si celui-ci estime que le régulé ne s'est pas montré d'une très grande rigueur dans le maniement de ses instruments d'évaluation. L'ombre de ce doute trahit à sa manière le contresens profond de la méthode d'autosupervision supervisée – dont les brillants résultats d'ailleurs parlent d'eux-mêmes –, contresens intellectuel de nature presque anthropologique, bien plus que technique. Il est de ne pas voir combien l'euphorie de la bulle engendre des forces proprement irrésistibles, qui rendent fatale la distorsion des appréciations du risque – et contre lesquels les instruments techniques ne peuvent pas grand-chose. Car ce biais de vision systématique des couples rendement-risque, qui magnifie le premier terme et néglige le second, est soutenu par les intérêts combinés de la concurrence et de la cupidité, les plus puissants, et les moins susceptibles d'être dominés par les individus puisqu'ils sont l'expression de toute une structure. L'expérience des vingt dernières années n'a-t-elle pas montré combien il est vain d'espérer des agents qu'ils regardent le risque avec lucidité quand les gains faramineux de la bulle leur font irrésistiblement tourner la tête? Les yeux ne voient, et les esprits ne pensent, qu'au voisinage de leurs affects. Il ne faut donc pas chercher du côté de la malhonnêteté ou de la dissimulation délibérée. Quand ils croient que les risques sont raisonnables, alors même qu'un regard tant soit peu distant voit comme une évidence que la catastrophe est en train de mûrir, les opérateurs sont sincères. Et il y a d'autant moins de chance de les dessiller que, la « technique » prenant le relais de la socio-anthropologie des affects financiers, voilà que les modèles de VaR viennent apporter leur confirmation à l'euphorie collective puisque, ces modèles étant nourris des statistiques des trois ou quatre années antérieures, ils prennent nécessairement la bulle pour une tendance de risque diminuant alors qu'elle est une phase de risque terriblement grandissant!

Quoiqu'ils ne soient pas loin de partager ces analyses, les « grands personnages » de la finance sont incapables d'en tirer autre chose que l'expression d'un sentiment désolé et d'un sincère regret – car, on l'a compris, rien de tout cela ne saurait à leurs yeux faire raison suffisante de mettre un terme radical à ce jeu hors de tout contrôle. Présentant le 31 mars 2008 un plan de restructuration du dispositif de supervision étasunien, le secrétaire au Trésor Paulson ne fait pas mystère que ce plan n'aura aucune vertu de prévenir de futures crises financières : « Je ne pense pas que quelque système de régulation puisse changer cela. Je pense que nous dépendons très très très lourdement de la discipline de marché[79] » – laquelle donne visiblement toute, toute, toute satisfaction depuis vingt ans... Alan Greenspan n'est pas loin de dire la même chose : « Nous n'aurons jamais de modèle de risque parfait[80]. » « Nous n'aurons jamais de parachute se dépliant proprement – mais que cela ne nous empêche surtout pas de pratiquer cette excitante discipline ! » Il est toujours quelque peu scabreux de s'engager dans les conjectures culturalistes mais, sans tomber dans l'« esprit des nations », il est difficile de ne pas pointer les caractères contrastés des commentaires respectivement français et anglo-saxons de la crise. Là où les convertis de fraîche date – français – sont comme toujours d'un zèle intransigeant jusqu'à l'absurde (« La titrisation est une technique qui n'a pas failli », « elle n'est pas la cause de la crise de l'été 2007 », « la mondialisation est heureuse mais heurtée », etc.), les héritiers légitimes de l'esprit du capitalisme se donnent au moins la liberté de conduire l'analyse sans œillères, et elle est souvent d'une grande lucidité. Mais – il faut bien qu'il y ait un mais... –, par une inexplicable paralysie logique du dernier moment, ils sont incapables de tirer leurs propres conséquences telles qu'ils les ont pourtant admirablement préparées ! Alan Greenspan démonte méthodiquement les tares fatales de la concurrence dans la finance pour soutenir *in fine* qu'elle est tout de même un irremplaçable bienfait ! – et l'on en trouverait dix comme lui.

Les conclusions que ces esprits se refusent à tirer, il faut les tirer à leur place, telles qu'elles s'imposent : si l'espoir est vain que la finance, ou quiconque à sa place, apprécie correctement la mesure exacte des risques qu'elle prend compulsivement, la stratégie de régulation doit changer radicalement de registre : ces risques que la finance est incapable d'évaluer, il faut *l'empêcher* de les prendre. Le « tout changer » de la conditionnalité signifie donc nécessairement « frapper fort ».

SIX PRINCIPES ET NEUF PROPOSITIONS POUR EN FINIR AVEC LES CRISES FINANCIÈRES

Six principes

Principe 1 : La finance est serve. Sa présence et son action ne sont tolérables qu'à concurrence des services qu'elle rend *effectivement* à l'économie productive. Et cela spécialement si l'on prend en considération le potentiel de catastrophes que recèle toute dérive autocentrée de l'activité financière. C'est pourquoi, compte tenu du degré manifeste – et manifestement dangereux – d'autonomie pris par la finance contemporaine, la ramener à la subordination exigera sans doute de lui imposer de brutales, mais salutaires, régressions. Il faut y être prêt.

Principe 2 : Le contrôle des risques est une chimère, il faut donc en réduire sévèrement la prise *ab initio*. La carence des modèles devrait être maintenant suffisamment évidente pour qu'il ne soit plus question de laisser les opérateurs prendre des positions risquées en se berçant de l'idée que leur évaluation est parfaitement maîtrisée. Si la finance quantitative n'est pas accidentellement mais essentiellement incapable de donner les indications qu'on attend d'elle, il faut en tirer la conclusion qui s'impose : les prises de risques ne pouvant être réellement appréciées, il faut en limiter *a priori*, et sévèrement, la formation.

Principe 3 : Quand une bulle est formée, il est trop tard. Elle crèvera nécessairement, avec l'éventualité d'armer tous les mécanismes du risque systémique* – c'est-à-dire de la prise d'otage des pouvoirs publics (banques centrales et Trésors) sommés de venir socialiser les pertes sous peine de risquer un collapsus majeur. Le schéma de re-réglementation de la finance doit donc poursuivre l'exigeant objectif stratégique d'*empêcher la formation des bulles*. On voit tout ce qui sépare ce schéma des pauvres tentatives en cours d'élaboration, notamment aux États-Unis – pourtant infiniment plus réactifs que les Européens sur ces sujets !

Principe 4 : Le principe de *level playing field* retenu jusqu'ici par les institutions internationales de la régulation prudentielle (les accords de Bâle I et II) est une impasse. En sabir d'institutions internationales, le *level playing field* désigne l'établissement de normes communes en vue de réaliser un espace (financier) commun. On comprend bien, compte tenu de ce dernier objectif, qu'il ne doit y avoir aucune « dénivellation » réglementaire sauf à induire des distorsions dans la concurrence des places, les places à basse intensité réglementaire jouissant d'un avantage compétitif évident. Mais, comme toujours, l'objectif intermédiaire de normes prudentielles communes a conduit à des normes prudentielles minimales. Par un effet de plus petit dénominateur commun, le dogme du *level playing field*, c'est-à-dire du marché financier mondial unifié, ne peut mener ailleurs qu'au *minimum minimorum* de la régulation. L'incapacité des accords de Bâle à empêcher quelque crise que ce soit en est la tragique démonstration. Rétablir des zones financières à régulation adéquate, sans attendre que les plus intéressés à la déréglementation – États-Unis et Royaume-Uni – ne finissent par s'y rendre, exige donc de leur aménager des protections, c'est-à-dire de recloisonner le marché financier mondial.

Principe 5: L'Europe est une zone d'activité financière autosuffisante. Elle peut parfaitement adopter unilatéralement un degré supérieur de réglementation financière sans risquer, comme on s'empresse de le dire, la désertion des capitaux, ou sans que les capitaux extra-européens partis lui manquent. Au demeurant, les impératifs de diversification sectorielle et géographique rendent impossible aux investisseurs extra-européens de «faire l'impasse» sur le marché européen. Qui sait, peut-être même finiront-ils par être séduits par le degré supérieur de stabilité qui y régnera une fois la réglementation mise en place. Il est bien évident que par «Europe» il faut entendre ici les 27 moins le Royaume-Uni (et probablement le Luxembourg). Puisque le Royaume-Uni est manifestement décidé à ne revenir sur aucune des «libertés» de la finance de marché, il faut lui appliquer une stratégie adéquate de cantonnement et le considérer, en tout cas du point de vue de la re-réglementation financière, comme *de facto* non européen. Le Royaume-Uni ainsi mis à part, il résulte du principe précédent que la zone européenne de réglementation financière ne peut émerger qu'en cessant d'être ouverte à tous les vents de la finance, donc en envisageant certaines restrictions aux mouvements des capitaux. L'abrogation de l'article 56 (re-numéroté 63) du Traité européen consolidé est donc un préalable à toute re-réglementation financière sur une base européenne.

Principe 6: Les protestations prévisibles de l'industrie financière sont par avance nulles et non avenues. La finance de marché est une enclave de profitabilité hors norme que rien ne justifie. Elle dégage des rentabilités inconnues du reste de l'économie, capte à elle seule une part du profit macroéconomique hors de proportion avec sa taille véritable, nourrit la croissance explosive des inégalités, et cela sans aucune contribution à la mise en valeur réelle du capital, pour ne rien dire des dégâts collatéraux qu'infligent ses crises à répétition. Cet extravagant privilège de profitabilité est une aberration à extirper aussi radicalement que possible. Comme toujours, les privilégiés, qui ont fait de leur privilège un « cela va de soi », hurleront au refus de la modernité, à l'assassinat des talents ou à on ne sait quoi d'autre, peut-être même à l'« injustice » puisque rien ne les arrête. L'histoire a montré qu'il est des modalités plus violentes de réduction des privilèges – comme la réduction des privilégiés ! –, aussi faudra-t-il que ces derniers se fassent à l'idée que la perspective d'être simplement ramenés à l'ordre commun de la profitabilité est en fait d'une extrême douceur.

Neuf propositions

Les principes précédents ont un caractère stratégique. Mais ils n'ont pas en eux-mêmes de portée opératoire – si ce n'est le principe 5 qui pose clairement le strict encadrement des transactions avec des entités financières extra-européennes qui ne se seraient pas soumises, d'elles-mêmes ou sous l'action de leur propre régulateur, aux normes européennes à venir. Le passage à l'action re-réglementatrice s'appuie, lui, sur des principes tactiques. On ne s'étonnera pas que la plupart s'expriment sur le mode négatif du « dé- » car il est bel et bien question de faire régresser la finance et de lui ôter une partie de ce qu'elle a conquis. Ces principes tactiques sont au nombre de six : désincitation, désophistication, détitrisation, déleviérisation, désalimentation et déconnexion. Leur mise en œuvre s'étage sur tous les niveaux de la finance : microéconomique – les comportements des opérateurs ; mésoéconomique – les constructions institutionnelles gouvernant le fonctionnement des marchés; macroéconomique – le pilotage de la politique monétaire.

Proposition 1 : Désincitation. Toutes les incitations déterminant les conduites individuelles de la finance sont vicieuses. L'une des pires est incorporée dans les formules de rémunération de ses hommes. En effet, l'investissement dans un actif financier quel qu'il soit est toujours l'acquisition d'un couple rendement-risque. Or les formules de rémunération de la finance ne prennent en compte que la première composante: les traders voient la part variable de leur rémunération courante indexée sur leur seule rentabilité courante. Mais cette rentabilité courante a pour compagnon invisible un certain niveau de risque. Il est invisible en temps réel puisque, par construction, le risque n'est matérialisé qu'*ex post*! Le trader touchera donc le profit dérivé de la hausse tant qu'il y a hausse, mais n'enregistrera aucun des effets de la baisse – simplement son bonus sera-t-il nul quand celle-ci se produira. Il est donc de ce fait incité à méconnaître le risque contracté pour privilégier la rentabilité courante qui alimente son bonus courant puisque, si risque il y a, il ne sera manifeste qu'« après ». Il résulte de cette asymétrie des incitations une sous-appréciation notoire du risque – en d'autres termes il y a de puissants intérêts derrière ce que Hyman Minsky appelait justement l'« aveuglement au désastre ».

La première proposition vise donc à *rétablir la symétrie d'incitation* en rendant la rémunération des traders *pleinement algébrique* – c'est-à-dire susceptible de valeurs négatives! Les pertes issues de la matérialisation des risques antérieurement contractés ne doivent plus seulement *annuler* les bonus mais *les rendre négatifs*. Les traders auraient ainsi à rembourser sur leurs gains passés les pertes présentes et dans les mêmes proportions. On imagine sans peine les effets de la rémunération algébrique sur leur comportement!

Soit la hantise d'avoir à restituer les gains antérieurs oblige à les mettre en réserve et paralyse la consommation ostentatoire, détruisant l'une des jouissances qui donnent son ressort à l'existence comme trader ; soit elle ne parvient pas à produire le comportement de réserve mais alors au prix d'une nouvelle attitude face au risque rendue drastiquement rigoureuse. Dans tous les cas, la perspective de la perte personnelle cuisante devrait être puissamment régulatrice.

On objectera sans doute que, dans ces conditions, les traders les plus « compétents » prendront le chemin de l'exil sous l'effet de la concurrence des offres salariales de la part des banques qui ne seraient pas soumises à l'obligation de la rémunération algébrique. Surtout, qu'on ne les retienne pas ! L'utilité sociale de ces soi-disant « cerveaux » demeure des plus discutables. Que ne restent que les opérateurs « moyens » – non exportables – ne saurait être en soi un problème : si leur agilité à manier les produits les plus complexes est moindre, leurs employeurs leur en feront manier de plus rudimentaires. Or c'est exactement l'autre effet recherché ! L'une des plaies de la finance libéralisée vient de la dynamique incontrôlable de l'« innovation » financière qui multiplie les produits d'une invraisemblable complexité dont la mesure de risque devient presque impossible. La proposition de *désincitation* des financiers est donc par ses effets collatéraux une mesure de *dé-sophistication* de la finance, mouvement qu'il est urgent d'amorcer pour recréer de meilleures conditions d'appréciation et de contrôle des risques.

Proposition 2 : Détitrisation. La dynamique des acquis sociaux semble avoir changé de camp. Tout ce que le travail a gagné est devenu contestable, tout ce que le capital obtient est décrété irréversible. Ainsi de l'« innovation » financière. Deux des plus toxiques, les produits dérivés et la titrisation, dont la finance s'est parfaitement passée pendant des décennies, sont maintenant déclarés tellement indispensables qu'il serait simplement inconcevable de vivre sans. Ces braiments de la finance ne doivent impressionner personne. Jusqu'au début des années 1990, les banques ont fait leur métier de banquier : elles ont accordé des crédits, puis les ont conservés sur leurs livres jusqu'à l'échéance ; et il faudrait une certaine audace pour affirmer qu'elles s'en sont mal portées. Nous nous proposons de leur faire faire ce minime saut en arrière et de renoncer à nous convaincre que rien ne serait plus possible si on les privait de l'outil de la titrisation.

Entre la dégradation de la qualité des crédits émis en début de chaîne, la perte de contrôle de leur volume et les tragiques illusions sur le risque réel des produits de la titrisation, il y a dans ce dossier plus qu'il n'en faut pour interdire purement et simplement un procédé qui comptera parmi les plus malfaisants de ladite « innovation financière ». Au cas où quelques timidités se manifesteraient, deux solutions un peu plus douces sont également disponibles. La première consisterait à drastiquement limiter la part titrisable des portefeuilles de crédit – pas plus de 5 % par exemple, qui laissent ainsi une marge aux banques pour le redéploiement de leurs capitaux propres (pour mémoire, on rappellera que lors des dernières années de la bulle subprimes, près de 50 % des crédits immobiliers ont été titrisés...). Une autre solution consisterait à laisser ouverte telle quelle la possibilité de la titrisation, mais à imputer aux banques la totalité des risques titrisés dans le calcul de leurs provisions prudentielles de capitaux propres, quand bien même ils ont été sortis de leurs bilans. Du point de vue de la surveillance du risque, cette formule équivaut donc à une conservation complète des crédits, la titrisation demeurant alors intéressante pour les banques, non plus comme instrument de défausse du risque, mais comme instrument de refinancement de marché.

Proposition 3 : Déleviérisation d'endettement. L'un des procédés les plus générateurs de risque de la finance spéculative tenant à la mobilisation intensive de l'effet levier*, les agents prennent des positions qui peuvent excéder considérablement leurs capitaux propres, situation extrêmement dangereuse lorsque les paris spéculatifs tournent mal. Il est inutile de souligner la gravité des conséquences lorsque les agents en question sont des banques, à plus forte raison des banques de dépôt. À voir comment ont tourné les cas les plus dramatiques, comme Bear Stearns, il est patent que la régulation prudentielle et ses ratios de capital* (Cooke ou McDonough) ont eu quelques absences… C'est pourquoi il faut reconstruire des ratios réglementaires limitant strictement les effets de levier d'endettement (on verra ci-dessous qu'il est aussi une autre sorte d'effet de levier, à combattre tout autant, et pour les mêmes raisons de fond). On dira que telle était bien en un sens l'intention du ratio de capital lui-même en définissant les engagements risqués comme multiple des capitaux propres. Force est cependant de constater qu'en cette matière l'échec aura été à peu près complet.

Parce qu'ils ont de puissants effets démultiplicateurs, les leviers rendent symétriquement les rentabilités insolentes à la hausse… et catastrophiques à la baisse. La course à la déleviérisation qui suit l'éclatement de la bulle est l'un des facteurs les plus redoutables de son approfondissement cumulatif. Aussi la leviérisation doit-elle être très clairement identifiée comme l'une des tares les plus dangereuses de la finance de marché, et sa réduction comme un impératif justifiant des révisions tout à fait draconiennes.

On pourrait envisager de charger les banques elles-mêmes de la surveillance des leviers. Ne sont-elles pas les fournisseurs de crédit auprès desquels les investisseurs leviérisent leurs positions ? Les *prime brokers** tiennent typiquement ce rôle vis-à-vis des *hedge funds* auxquels ils imposent des dépôts de marge, c'est-à-dire un certain degré de couverture en fonds propres. Mais celui-ci est ridiculement faible, et n'est réajusté que lorsque les positions deviennent perdantes – c'est-à-dire trop tard. Une première solution consisterait donc à imposer réglementairement aux *prime brokers* de limiter drastiquement les leviers de crédit fournis à leurs clients. À quel niveau fixer la couverture minimale en fonds propres : 50 % ? 80 % ? C'est à voir, en tout cas la réponse devrait être : « très haut. » Doit-elle être différenciée par classes de risques ? Sans doute, mais pourvu qu'on ne se raconte pas d'histoire en la matière, à la façon des dérivés de subprimes qui ont pris de la pourriture ultime pour du triple-A. La réduction brutale des leviers autorisés est très clairement un instrument à cisailler les rentabilités financières. Le principe 6 ci-dessus rappelle qu'il n'y a aucun lieu de s'en émouvoir. Et cela d'autant moins que, agréable en elle-même, elle est aussi un réducteur de risque dont toute l'économie n'aura qu'à se féliciter.

La solution précédente n'est praticable que pour un certain type d'opérations, un certain type de banques, avec un certain type de clients. C'est pourquoi elle ne dispense nullement d'une mesure plus générale de limitation des leviers bancaires globaux, que ceux-ci soient consentis pour compte de tiers ou pour compte propre. Comme il est impossible d'avoir une vue totalement déconsolidée (opération par opération) de l'activité de marché des banques et que la confusion des flux empêche souvent toute imputation, la proposition présente suggère de construire un ratio de (dé-)leviérisation moyenné à échelle d'établissement. Pour une période donnée, on note P l'ensemble des positions de marché (tous actifs financiers confondus) de la banque. On note D l'ensemble des dettes de toutes échéances contractées par elle. On note enfin E l'ensemble de ses engagements, débours réels et positions de marché prises (il y a lieu de faire une différence car certains actifs dits *unfunded* ne réclament aucune avance de fonds, donc aucun débours réel). Par convention, on impute proportionnellement la dette DM = D × (P/E) aux prises de positions de marché. Il s'en déduit un effet de levier relatif aux positions de marché LM = P/(P – DM). Le ratio prudentiel de (dé-)leviérisation fixera alors une borne supérieure – sévère, c'est-à-dire basse – à LM.

À ceux qui feront remarquer que ce ratio est quelque peu grossier, on répondra que dans sa définition même le ratio de capital retenu par les accords de Bâle n'est pas beaucoup plus subtil. L'extrême simplicité de conception du ratio de capital n'a pas empêché que lui soient données des mises en œuvre d'une grande précision de détail. Rien ne s'oppose en principe à ce qu'il en aille de même pour le ratio de (dé-)leviérisation.

Proposition 4: Régulation impérative de tous les opérateurs non bancaires de la finance de marché. On fera sans doute observer que les banques peuvent être amenées à passer des ordres pour des clients dont les investissements ont déjà été leviérisés par ailleurs (un investisseur peut confier un mandat de gestion à une banque A pour un volume de fonds dont une bonne partie est composée d'endettement contracté auprès des banques B, C, etc.). Les investisseurs, quelle que soit leur nature, doivent être soumis eux aussi à ces ratios de (dé-)leviérisation, pour des valeurs variant éventuellement par catégorie d'établissements. Une attention particulière devrait être portée aux *hedge funds* qui, on l'a dit, se distinguent des autres investisseurs, entre autres, par leurs leviers extrêmement élevés. Or ces fonds d'investissement, dont les prises de position agressivement spéculatives se révèlent très déstabilisantes, échappent à toute supervision prudentielle! De fait, la majorité des *hedge funds* font de l'évasion réglementaire un élément constitutif de leur stratégie en se domiciliant dans des places financières *off-*

shore. Cette carence réglementaire est intolérable et doit être impérativement comblée.

Il faut donc interdire toute transaction entre les opérateurs financiers de la zone européenne régulée et les entités des places *offshore*. N'auront accès aux marchés financiers européens que les *hedge funds* qui se seront enregistrés auprès de l'autorité européenne des marchés et qui par conséquent se seront soumis à sa réglementation.

Proposition 5 : Déleviérisation « de marché » – les marchés organisés de produits dérivés. L'essentiel de la prolifération financière est venu du compartiment des produits dérivés. Quoique encore discutée par ceux qui, voulant sauver tous les acquis de la finance, ne se rendront jamais à l'évidence, leur contribution à l'instabilité financière est devenue patente, pas seulement par les interactions spéculatives qui s'établissent entre marchés à terme et marchés au comptant, mais aussi du fait de l'organisation propre des transactions sur dérivés. Ces transactions se distribuent en deux grandes catégories : transactions sur des marchés dits *organisés* ou bien sur des marchés *de gré à gré*.

Toutes les transactions sur les marchés organisés passent par l'intermédiaire d'une chambre de compensation qui est la contrepartie commune de tous les intervenants : la chambre de compensation est l'acheteur de tous les vendeurs et le vendeur de tous les acheteurs. La chambre de compensation impose à tous les intervenants des avances de fonds qu'on appelle, ici aussi, dépôt de marge*. Ce dépôt de marge est une sorte de coussin de sécurité dont l'épaisseur est beaucoup moins grande que les positions elles-mêmes puisqu'il n'est destiné qu'à enregistrer les variations de prix et à solder les éventuelles moins-values. C'est que la grande caractéristique des transactions sur dérivés (quel que soit le marché) est en effet la suivante : portant sur des promesses de vendre ou d'acheter, donc d'encaisser ou de payer, *à une* *certaine échéance*, elles ne nécessitent pas en principe de mise de fonds *immédiate* au moment où elles sont conclues. Les opérateurs s'y engagent donc en quelque sorte à découvert, au sens où ils ne sont tenus à aucun apport de fonds propres (et même de fonds tout court !) au moment de la passation du contrat. Si l'on se souvient que le levier* est défini en général comme la capacité de prendre une position sans disposer préalablement en propre de la totalité des fonds, c'en est ici la forme maximale !

Le dépôt de marge sur les marchés organisés instaure donc, mais artificiellement puisqu'elle n'est pas requise en principe, une obligation de mise de fonds préalable. Mais cette obligation est d'une telle minceur en proportion des positions prises, qu'elle définit de fait un levier très important… que rien n'interdit de combiner avec un levier d'endettement proprement dit ! Ainsi, par exemple, un apport de 10 000 dollars permet-il de prendre une position de 650 000 dollars sur le marché des *futures* de l'indice S & P500. Mais un opérateur pourrait très bien avoir financé le dépôt de marge en empruntant 9 000 des 10 000 dollars requis et, au total, s'être engagé sur les 650 000 dollars de *futures* avec juste 1 000 dollars en poche !

Parce que les exigences de fonds propres sur les produits dérivés sont ridicules, et que la leviérisation s'y élève au carré (leviérisation « de marché » × leviérisation « d'endettement »), ces marchés font régner un risque de contrepartie* insupportable. La déleviérisation étant l'un des principes tactiques les plus centraux du schéma présent, il faut imposer aux chambres de compensation d'exiger des dépôts de marge beaucoup plus importants que les quelques ridicules pourcents d'aujourd'hui. On pourrait très bien imaginer en principe une règle de couverture intégrale en fonds propres des positions sur dérivés (dépôt de marge 100 %, levier 0 – en fait : 1). Si ces produits sont hautement spéculatifs et déstabilisants, il faut donc les rendre *inintéressants*, or le levier est cela même qui produit par effet multiplicateur de faramineuses rentabilités des fonds propres. Si la couverture intégrale est jugée trop rigoureuse, qu'à cela ne tienne : comme pour la (dé-)leviérisation de *prime brokerage**, on pourra mettre le curseur où l'on voudra, 50 %, 80 %, peu importe, mais en tout cas plus les dérisoires 1 % ou 2 % des dépôts de marge actuels.

Proposition 6 : Nationalisation (européenne) des entreprises de bourse. On objectera peut-être à la proposition précédente que ce sont les chambres de compensation qui ont tout pouvoir de fixer le niveau des dépôts et des appels de marge* et que ces « entreprises de marché » sont souveraines car... privées. Et c'est vrai ! Tel est bien l'un des scandales de la libéralisation financière : les places financières, c'est-à-dire l'infrastructure des marchés, ces institutions stratégiques pour la réglementation, sont sous la coupe d'entreprises privées ! Ainsi Eurex, l'entreprise qui tient les marchés organisés de dérivés en Europe – et dont la chambre de compensation n'est autre que Clearstream –, est-elle issue de la fusion de Deutsche Börse AG et de Swiss Exchange, dans le dessein avoué de faire concurrence à une autre entreprise privée, le LIFFE de Londres. On se doute que ces « entreprises de marché » privées n'adhéreront pas spontanément à un projet qui se donne pour but explicite de rendre inintéressants les produits qu'elles cotent, et dont elles tirent leurs revenus. Il est d'une évidence impérative qu'un contrôle politique doit être récupéré sur ces « entreprises de marché » qui doivent par conséquent être nationalisées, dans le cas présent sous une forme européenne (donc sous un statut ou sous un dispositif encore à créer), afin de recouvrer toute latitude en matière de réglementation – et ici de déleviérisation – des produits dérivés. Pour celles de ces entreprises qui, telle Euronext, ont choisi de lier leur destin à leurs homologues américaines ou anglaises, il faudra briser le lien transatlantique ou transmanche, c'est-à-dire la dépendance à des zones financières qui n'ont visiblement aucune intention sérieuse de re-réglementation.

Proposition 7 : Déleviérisation « de marché » – les marchés OTC. Quand on a dit, comme précédemment, que le dépôt de marge constituait la « forme maximale du levier », on était en fait au-dessous de la vérité. Car, par opposition aux marchés organisés, les produits dérivés s'échangent également sur des marchés dits de gré à gré (ou OTC*, *Over The Counter*) qui, comme leur nom l'indique, consistent en la simple mise en relation bilatérale des contractants sans intermédiation d'une place (chambre de compensation). Pour le coup, sur l'OTC il n'y a aucun organisme médiateur qui vienne donner à la mise de fonds préalable, fût-elle aussi minime que les dépôts de marge, un caractère réglementaire. Il n'y a donc rien qui vienne limiter les positions que peuvent prendre les opérateurs à découvert de fonds propres. Le levier *théorique* y est par conséquent… infini ! – même si, le plus souvent, il est vrai, les parties à une transaction OTC conviennent d'elles-mêmes d'un tel dépôt, mais laissé à leur seule appréciation.

Parce que ces marchés et leurs produits – on pense en particulier aux *Credit Default Swap* (CDS*) qui sont libres de tout financement préalable –, parce que, donc, ces marchés et ces produits sont au principe d'une accumulation invraisemblable de risques de contrepartie, il faut y mettre un terme. Dans la zone européenne réglementée, les transactions OTC seront purement et simplement interdites. Il n'est pas une transaction sur produits dérivés qui ne sera autorisée si elle ne passe par un marché organisé avec chambre de compensation, évidemment sous tutelle publique, et dans les conditions d'appel de marge* conformes à la précédente proposition.

Comme d'habitude, le monde de la finance hurlera avant d'avoir mal et arguera de la « nécessité » de transactions de gré à gré qui offrent des couvertures de risque sur mesure alors que les produits échangés sur les marchés organisés sont standardisés pour être rendus fongibles (et ainsi proposer une meilleure liquidité). Que les couvertures soient alors imparfaites est réel, mais ne devrait pas être vu comme un problème, au contraire : dans le paysage de la nouvelle réglementation, la persistance de quelques risques mal assurés devient paradoxalement vertueuse puisqu'elle oblige les divers agents à plus de prudence. La fausse promesse par excellence était bien celle des marchés de dérivés libres et sans contrôle qui prétendent offrir des couvertures pour tout, incitant par là les agents à s'exposer sur les marchés au comptant à n'importe quel risque, avec la croyance que celui-ci serait « de toute façon couvert » par l'acquisition du produit dérivé *ad hoc*. À voir les décapilotades successives que s'offre la finance de marché, il devrait être clair pour tout le monde que cette promesse d'« assurance universelle du risque financier » aura été une illusion de première grandeur.

Proposition 8 : Une politique monétaire antispéculative. À l'étage supérieur – macroéconomique – de la nouvelle réglementation de la finance, il y a la politique monétaire. Comme on commence à en prendre conscience rétrospectivement, la politique monétaire de la Réserve fédérale américaine n'aura pas été pour rien dans le gonflement des diverses bulles, et tout spécialement la dernière. Si la spéculation se nourrit de flux de liquidités, dont le crédit représente une bonne part, il est clair que la politique monétaire lâche est une contribution notoire aux bulles financières. *A contrario*, il suffirait de relever les taux d'intérêt pour priver les marchés d'une part significative de leur carburant, mais au risque, évidemment, d'étouffer l'économie réelle en même temps que l'économie spéculative. On ne sortira pas de ce dilemme qui tient à l'existence d'un seul instrument – le taux d'intérêt – pour une multiplicité d'objectifs contradictoires – l'activité productive d'un côté, la stabilité financière de l'autre – sans… démultiplier les instruments. C'est précisément à cette fin qu'a déjà été avancée la proposition d'une politique monétaire dédoublée[81], munie d'un taux d'intérêt pour refinancer les banques à hauteur de leurs concours à l'économie réelle, et d'un autre taux d'intérêt pour les refinancer à hauteur de leurs concours à la sphère financière. Ainsi devient-il possible d'élever le taux d'intérêt « spéculatif » à des niveaux meurtriers, tout en maintenant le taux d'intérêt « productif » à des niveaux maximisant la croissance et l'emploi.

Cette huitième proposition pose à l'évidence le problème de l'indépendance de la Banque centrale européenne. Si la régulation de la finance de marché est une affaire hautement politique, et si la banque centrale est un élément important du dispositif, il s'en déduit logiquement que l'action de celle-ci doit être soumise à une forme de subordination politique autrement plus serrée que le quasi-rien – rapports divers et auditions sans importance – qui lui sert pour l'heure d'alibi. Soit la banque centrale s'exécute d'elle-même et entre pleinement dans le plan d'arraisonnement de la finance, soit il y aura matière à voir là une raison supplémentaire de revenir sur son indépendance.

À statut invariant – invariance qui n'a rien d'un objectif en soi –, notons toutefois que la banque centrale pourrait d'elle-même trouver quelques raisons d'adopter ce dispositif de politique monétaire dédoublée. C'est qu'en effet elle est la toute première victime de la prise d'otage où la jette immédiatement le risque systémique ! Il y a donc dans la logique institutionnelle même de la banque centrale quelque chose qui devrait résister à l'asservissement par la finance privée, puisque l'on ne peut pas qualifier autrement cette sommation impérative de lui venir à la rescousse sauf à provoquer d'immenses dégâts. Si la banque centrale prend au sérieux la mission de la stabilité financière, elle devrait être intéressée au premier chef par le dispositif de la politique monétaire dédoublée qui la sort de son dilemme instrumental autrement insoluble.

Proposition 9 : Déconnexion : encadrer les rapports entre la Zone européenne financière et les Zones non régulées. En application des principes 4 et 5 ci-dessus, il est évident que la parfaite liberté de circulation des capitaux entre la Zone européenne financière (ZEF), régulée par définition, et les Zones non régulées (ZNR) est immédiatement caduque. Sur quelles bases cependant rétablir de possibles rapports entre ZEF et ZNR ?

Une première solution simple et économe plaiderait pour une base de… non-rapport. Cela n'est d'ailleurs que la traduction du principe 5 réaffirmant – en fait constatant – l'autosuffisance de la ZEF. La ZEF n'a aucun besoin d'être inondée de capitaux extérieurs, elle en recèle suffisamment elle-même, ni encore moins que des institutions financières privées aillent chercher l'aventure au-dehors, sauf à importer les aberrations de marchés qui resteront le propre des ZNR. En d'autres termes, l'Europe est une zone de chalandise financière suffisamment profonde et diversifiée pour satisfaire les ambitions de la finance privée, telles que le présent schéma les rend raisonnables, c'est-à-dire strictement revues à la baisse. La finance privée européenne doit en effet oublier les profits mirobolants des bulles et apprendre à se satisfaire de moins : 50 % de rendement des capitaux propres pour la banque de marché, quand la banque de détail n'en dégage « que » 25 %, les entreprises du CAC40 entre 15 % et 20 %, et que les taux d'intérêt qui donnent normalement une mesure de la rémunération du capital sont à 4 %, c'est fini ! Il est important d'avoir ces chiffres en tête pour être bien convaincu que les glapissements que la finance privée ne manquera pas de pousser sont moins le fait d'une épouvantable injustice qui lui serait faite que de la fermeture d'un exorbitant et injustifiable privilège de profitabilité. Retour à la normale donc.

On peut toutefois, si on le veut vraiment, songer à des formes de relations financières entre ZEF et ZNR, mais en sachant bien de quoi il y va : la ZEF a pour finalité d'éviter que ne se recréent les dynamiques de marché aberrantes et les formations de risques globaux qui demeureront le lot des ZNR. Si c'est pour que le régime des relations ZEF-ZNR annule tous les effets de la re-réglementation interne à la ZEF, ce n'est pas la peine d'y penser. Il est donc évident que ces relations devront être strictement encadrées et soumises à condition.

Les flux sortants (dans le sens ZEF-ZNR donc) seront contingentés puisqu'il n'est pas question que la finance privée européenne aille contracter aux États-Unis les risques qui lui sont interdits – évités – dans la ZEF. Seule une part très minoritaire – 10 % ? – de l'accroissement de ses encours risqués (crédits et positions de marché) pourra être engagée en ZNR et parmi eux une fraction obligatoirement en actifs sans risque – les titres de la dette souveraine étasunienne, si elle reste de qualité, ou autre.

Les flux entrants (dans le sens ZNR-ZEF) ne seront admis que si les institutions d'où ils sont originaires sont elles-mêmes soumises de fait aux normes européennes, et tout particulièrement au ratio de (dé-)leviérisation tel qu'il pourra être calculé par l'autorité publique européenne de régulation financière à l'aide des données communiquées par le comité de Bâle et en application des propositions 3 et 4 ci-dessus. En d'autres termes, seuls les opérateurs hors ZEF garantissant par leurs comportements un risque de contrepartie modéré seront admis dans l'espace financier européen. Un contingentement des flux entrants fera vraisemblablement partie du dispositif pour éviter que la restriction de l'alimentation en liquidités de la ZEF du fait de la nouvelle politique monétaire ne soit tournée par des afflux de capitaux en provenance d'une ZNR où la politique monétaire demeure trop accommodante pour la finance.

Est-il vraiment nécessaire de préciser que ce schéma n'a rien d'un plan achevé? Bon nombre d'autres propositions pourraient lui être ajoutées, et il reste à travailler sa mise en œuvre détaillée. Mais la matrice est là.

On entend d'ici les cris d'orfraie... Il ne devrait pas y avoir lieu de leur accorder trop d'attention. On le regretterait rétrospectivement tant ceux qui les poussent n'ont pas compris la portée de l'événement et sont simplement en retard sur l'histoire: car cette crise financière est d'une ampleur qui doit produire un changement dans la façon de penser l'organisation internationale de la finance. Les défenseurs de l'ordre ancien n'ont donc pas saisi que celui-ci a failli et qu'il faut en faire surgir un autre. Dans les années 1930, ils auraient hurlé au *Glass-Steagall Act* qui a séparé les banques commerciales et les banques d'investissement – et devrait être restauré d'urgence. En fait, ils ne pensent jamais que selon l'époque, et sont incapables du moindre effort projectif. De l'époque, ils épousent toutes les évidences et tous les impensés. Jusqu'à ce qu'une autre époque détruise les anciennes évidences et en installe d'autres. À ce moment, ils jugent les anciennes évidemment dépassées et les nouvelles évidemment indépassables. On ne va donc pas s'étonner qu'ils se cabrent et poussent de hauts cris puisque le schéma présent leur propose exactement ce que leur esprit est incapable de métaboliser. Et l'on ne va pas non plus perdre une minute à attendre leur bon vouloir ou leur conversion mentale. Car il y a urgence, et eux sont des *retardataires*.

ÉPILOGUE

CHANGEMENT D'ÉPOQUE ? CRISE FINANCIÈRE ET DÉLABREMENT NÉOLIBÉRAL

S'il était besoin de le préciser, autant prendre le temps de le dire très explicitement : s'occuper à entrer dans le détail de ses mécanismes n'est pas faire de la finance une entité complètement autonome, coupée de tout et capable d'une vie propre sans contact aucun avec le reste de l'économie. Mais n'a-t-on pas soutenu que la finance a une capacité d'expansion radicalement autocentrée, qu'elle développe ses produits et ses marchés à l'abri d'indigents alibis de « service à l'économie réelle », avec pour seule finalité la croissance du pur jeu spéculatif, et les ordres de grandeur respectifs des sphères réelle et financière ne témoignent-ils pas éloquemment de cette déconnexion ?! Alors « autonome » ou « pas autonome » ? – il va falloir choisir ! Sinon Marx lui-même, ses continuateurs en tout cas avaient jadis forgé, à propos d'un autre problème, le concept d'« autonomie relative ». Contrairement à ce que l'on pourrait être tenté de croire, l'idée d'autonomie relative offre plus qu'une simple résolution verbale – consistant à se défaire d'une contradiction en rassemblant en une seule expression les deux mots contradictoires... Mais pour que la synthèse soit davantage qu'un jeu de mots, il est vrai qu'il faut lui ajouter quelques explications. Le cas des rapports de la finance et de l'économie réelle, envisagés non pas en toute généralité mais au travers de la crise présente, s'y prête idéalement. Car, pour procéder de l'éternelle répétition des mécanismes les plus fondamentaux des marchés de capitaux libéralisés, cette crise n'en présente pas moins un caractère particulier qui tient précisément au rapport finance-économie, ou plutôt à la façon dont elle exprime ce rapport, et qui la distingue sans doute des épisodes précédents. Il se pourrait même que le millésime 2007-2008 de la crise financière non seulement donne de l'articulation présente entre la finance et le régime d'ensemble de l'économie réelle l'expression la plus profonde et la plus complète, mais, davantage, qu'elle en signale l'arrivée aux limites. Il était déjà possible de dire de cette crise qu'elle est (non contradictoirement !) *spécifique*, par les classes d'actifs et les compartiments de marché impliqués, et *générique*, parce qu'elle ne fait jamais que décliner les mécanismes fondamentaux de la finance libéralisée. Voilà que, sans goût particulier du paradoxe, on peut ajouter qu'elle est également *singulière*, au sens où elle se distingue dans la série des crises de la déréglementation financière. Ces dernières n'étaient que des manifestations « courantes » de la configuration en place du capitalisme. La singularité de la crise présente tient au fait qu'elle pourrait bien être le symptôme de son délabrement général.

LE CRÉDIT À GROS DÉBIT, OU LA BÉQUILLE D'UN CAPITALISME ANTISALARIAL

Quand ils ne disent pas « économie de marché », manière de faire oublier par les lénifiantes abstractions de l'« offre » et de la « demande » la violence réelle des rapports économiques réels, les commentateurs bienséants parlent de « capitalisme » du bout des lèvres et surtout au singulier – « le » capitalisme. C'est oublier que le capitalisme n'existe pas autrement qu'en ses actualisations historiques et que celles-ci sont par définition changeantes. Non qu'il soit impossible de dégager un concept général du capitalisme – en cette matière, on fera difficilement mieux que Marx –, mais ce concept demeure nécessairement sous-déterminé, et c'est l'histoire qui, en quelque sorte, se charge de le « compléter » en lui donnant ses formes concrètes. Du capitalisme des trente premières années du XXe siècle à celui d'aujourd'hui, en passant par la période fordienne, c'est bien toujours de capitalisme qu'il est question, et pourtant de capitalismes à chaque fois différents. Que dire de sa configuration présente? On pourrait être tenté de retenir l'hégémonie de la finance comme le plus saillant de ses caractères et, partant, comme sa « marque de fabrique » par excellence, la dimension qui exprime le plus complètement son identité véritable, et d'après laquelle elle devrait être nommée: capitalisme *financiarisé*. Ce ne serait sans doute pas faire fausse route, mais cependant oublier une partie de l'« histoire ». Loin d'exclure la finance, mais ne s'y limitant pas non plus, le principe structurant du capitalisme contemporain dans bon nombre de pays, c'est la *déréglementation*. Déréglementation générale du plus grand nombre de marchés possibles et sur la base internationale la plus élargie possible: voilà sans doute l'élément le plus caractéristique du capitalisme des trois dernières décennies – et incidemment une définition un peu plus analytique de ladite « mondialisation ». Aux marchés de capitaux qui donnent au principe de déréglementation son application la plus radicale, il ne faut donc pas oublier de joindre celle du marché du travail, ni surtout celle du marché des biens et services (auxquels on pourrait joindre les investissements directs), alias la *concurrence*. Il faudrait une discussion plus substantielle pour rétablir l'idée d'une sorte de hiérarchie des déréglementations, où la finance occupe une place de choix, et justifierait le nom, disgracieux mais analytiquement plus précis, de *capitalisme de déréglementation à dominante financière*. Mais l'essentiel ici est plutôt de voir quelles terribles complémentarités entretiennent concurrence et financiarisation, et comment celles-ci étaient vouées à s'exprimer dans les tendances générales de l'endettement privé… et à terme dans la crise des marchés de crédit.

Concurrence et basse pression salariale

Le *level playing field*, qui fait les merveilles qu'on sait en matière de régulation financière *a minima*, produit sans surprise les mêmes effets en matière sociale. Aussi la mise en concurrence « plane » entre des pays aux standards sociaux et environnementaux extrêmement disparates entraîne-t-elle des ajustements salariaux par le bas dont les termes sont maintenant trop bien connus : intensification du travail, plans sociaux en série, et surtout pression constante sur les salaires, le tout sous évocation répétitive, mais hélas bien fondée, de la contrainte de compétitivité, ou la menace de délocalisation. Attaqué du côté des pressions concurrentielles, le salaire ne l'est pas moins du côté des pressions actionnariales. L'emprise des grands actionnaires institutionnels, telle qu'elle trouve son principe dans la configuration particulière des structures de la finance[82], a installé la rentabilité des capitaux propres en tête des priorités de l'entreprise (cotée), laquelle mobilise de force tous ceux qui sont sous sa dépendance – fournisseurs et, bien sûr, salariés – pour mieux servir l'« objectif unique ». On admirera au passage l'impressionnante cohérence d'ensemble du « modèle » et la parfaite tenaille qui suit de la combinaison entre déréglementation concurrentielle et déréglementation financière – il faudrait idéalement trouver un nom pour un outil bizarre à trois mâchoires si l'on voulait ajouter à ce tableau l'effet propre de la déréglementation du travail qui, faite exprès pour mieux permettre les ajustements des salaires à la baisse, s'offre à amplifier les effets des deux autres…

L'augmentation des prix énergétiques et alimentaires vient rendre aiguë une situation chronique de longue date et formée indépendamment : hors tout choc de prix exogène, le capitalisme de déréglementation est *structurellement* un régime de basse pression salariale. Il n'y a donc pas lieu de s'étonner que, dans la quasi-totalité des grands pays industrialisés, le *swing* de la part des profits dans le revenu national ait fait plus que compenser ses reculs des années 1970, et que celle-ci se maintienne durablement à des niveaux très élevés – quand elle ne continue pas de croître. Pas plus surprenante, la réfraction intra-salariale de ces pressions constantes, sous la forme d'inégalités polarisées comme on n'en avait pas vu depuis le début du XXe siècle – cela dit à l'usage de tous ceux qui n'ont rien de plus pressé que de figurer les « avancées » néolibérales sous l'espèce du progrès historique. Il n'est plus l'heure de se rassurer en scrutant le rapport entre le salaire moyen du décile le plus haut (les 10 % les mieux payés) et du décile le plus bas : la polarisation inégalitaire est telle qu'il y a beau temps qu'une bonne partie du décile supérieur a été entraînée à son tour sinon dans le déclassement du moins dans la stagnation. Pour observer l'explosion inégalitaire, il faut une lunette un peu plus fine et regarder au niveau du centile (le 1 % le mieux payé), voire des fractiles les plus extrêmes : là où, montre Camille Landais, le revenu fiscal déclaré de 90 % de la population française augmente de 4,6 % entre 1998 et 2006, celui du 1 % supérieur augmente de 19,4 %, celui des 0,1 % du haut de 32 % et celui du 0,01 % (!) de 42,6 %[83]. Inutile de le dire, le phénomène est plus spectaculaire et surtout de formation plus longue aux États-Unis – fidèle à sa vocation de convertie de fraîche date, la France « rattrape »...

La demande perfusée au crédit

Pour tous ses efforts à pressurer le salaire, le capitalisme déréglementé ne résout qu'imparfaitement ses problèmes : il faut bien des débouchés pour le tas croissant des marchandises produites à bas coût. Or, contradiction déjà vue par

Marx et Keynes en leur temps, le salaire, sans doute coût de production, est également le facteur de solvabilisation de la demande. La consommation, en France ou aux États-Unis, fait approximativement 70 % du PIB – difficile de faire l'impasse dessus. Gagner d'un côté, c'est donc perdre de l'autre. Dans le droit fil de sa logique d'ensemble, le capitalisme déréglementé propose « ses » solutions. D'abord l'allongement de la durée du travail : si un seul emploi ne vous permet pas de vivre, prenez-en un deuxième, et s'il le faut un troisième – on aura reconnu dans le « travailler plus pour gagner plus » l'émulation bien française d'une formule en vigueur depuis longtemps aux États-Unis, un « rattrapage » de plus. Mais les journées n'ayant que 24 heures et les limites en cette matière étant vite atteintes, la véritable parade au défaut de consommation intrinsèque au régime de déréglementation générale s'impose comme une évidence : l'endettement ! Si le pouvoir d'achat des ménages stagne ou régresse, mais que le capital réclame malgré tout des débouchés intérieurs, quoi de plus logique que d'étendre par le crédit la capacité de dépense des salariés au-delà de leur revenu ? On ne s'étonnera pas qu'aux États-Unis et au Royaume-Uni, qui ont quelques longueurs « d'avance » dans cette pente, le taux d'endettement des ménages par rapport à leur revenu disponible soit respectivement de 120 % et 140 %… Le président Sarkozy se flatte qu'il n'en soit pas ainsi en France. Mais tout ce qu'il fait y mène, ou plutôt y mène *encore plus vite*, car ce taux, de 68 % en 2006, explose littéralement depuis dix ans, date d'installation dans un régime de « mondialisation franche », qui trouve ici un de ses symptômes les plus caractéristiques.

Aussi est-il temps de faire un sort aux poncifs qui veulent que le retard de croissance de la France par rapport aux États-Unis s'explique par l'« obésité » de son État, ses prélèvements obligatoires étouffants ou les rigidités de son marché du travail. Trahissant pour une fois la vocation majoritaire du Cercle des économistes à célébrer l'état néolibéral des choses, Jacques Mistral livre une analyse d'une décapante lucidité des sources véritables – et non fantasmées – de la croissance étasunienne pour les quatre années 2001-2004 : 2,5 points de PNB de baisse d'impôts, 500 milliards de dollars de dépense publique supplémentaire, et enfin un octroi de crédit immobilier qui passe de 450 milliards de dollars en 2000 à 960 en 2004 (il atteindra les 1 300 en 2006). « On n'avait peut-être jamais vu l'application, avec une pareille ampleur, de mesures d'inspiration plus purement keynésienne puisque pour relancer l'activité, ce sont 15,5 points de PNB qui ont été injectés *ex ante* dans l'économie. Cela pris en compte, il n'est guère surprenant que, sur la même période, la croissance du PNB ait été de 10 % ! La comparaison des deux chiffres souligne au contraire l'ampleur des pertes en ligne dues à une compétitivité défaillante[84]. » L'intervention stratégique de la titrisation se situe précisément en ce point : en libérant les banques de leurs contraintes d'émission, elle a permis de propulser dans l'économie des volumes de crédits supplémentaires astronomiques, autorisant ainsi de nombreux ménages, à qui leurs revenus sous pression l'interdisaient formellement, à financer les trois gros postes de l'existence étasunienne : la maison, la voiture et les études universitaires des enfants. On dira que ce sont là des investissements qui n'ont aucun caractère distinctif et qu'on les retrouverait, à l'identique, acquittés par les ménages européens. À ceci près, d'une part, que dans bon nombre de pays européens les études universitaires sont sinon gratuites, du moins peu coûteuses, et qu'aux États-Unis le poste « université » est parfois plus proche en volume de la maison que de l'auto. Et, d'autre part, que la titrisation combinée à l'agressivité du marketing bancaire a entraîné dans la dette immobilière des catégories de ménages qu'on n'aurait jamais laissées y entrer ailleurs – les subprimes bien sûr. Enfin, pour que le tableau soit complet, encore faut-il y ajouter que, loin de s'être cantonné au financement de ces biens durables, sortes d'équivalent de l'investissement pour les ménages, le crédit bancaire étasunien s'est en fait avéré le complément indispensable du financement des dépenses courantes auxquelles le seul salaire ne suffit plus à pourvoir. C'est pourquoi dans les grandes masses de crédits titrisées, à côté de l'immobilier, des crédits auto et des prêts étudiants, on trouve les cartes de crédit. Drogue dure d'un régime de croissance à basse pression salariale, la dette des ménages est poussée jusqu'à ses dernières limites. Ainsi le procédé du *Home Equity Loan* ré-extrait de la capacité d'endettement au fur et à mesure que le ménage rembourse sa dette immobilière et à concurrence de la « part » de sa maison dont il est effectivement devenu propriétaire à tel moment de son calendrier de paiement. Il n'est donc pas besoin qu'un emprunt soit intégralement soldé pour pouvoir en recontracter un autre. Au fur et à mesure qu'un ménage se libère d'une dette ancienne, il est déclaré apte à en porter immédiatement une nouvelle.

Mais il faudrait faire la liste complète de ces procédés, et pas seulement financiers, par lesquels les institutions financières s'efforcent d'étirer au maximum la capacité d'endettement des ménages et surtout de la saturer en permanence, pour ne pas même parler des intérêts quasi usuraires (les cartes de crédit peuvent porter des intérêts allant couramment jusqu'à 20 voire 30 %), des frais divers exorbitants qui aident les prêteurs à tondre un peu plus leurs clients, et surtout de ces formes de démarchage séparées de l'escroquerie pure et simple par des nuances de plus en plus ténues, comme celle qui fait matraquer des personnes déjà quasi faillies avec de nouvelles offres : « *We think you deserve more credit* » (« nous pensons que vous méritez plus de crédit »), annonce joyeusement cette enveloppe reçue par une femme qui lâche déjà 28 000 dollars d'intérêts au titre de ses divers prêts sur son revenu annuel avant impôt de 48 000 dollars et vient de perdre son emploi ; « *you are prequalified* », poursuit l'enveloppe porteuse de bonnes nouvelles, quelle chance ! – quelle tragique ironie[85]... L'Office of the Comptroller of the Currency (OCC), l'une des agences de supervision des banques, a fini par s'émouvoir de pareils excès et surtout de ce que l'approche du crédit par les banques a sensiblement changé en quelques années : « le point important pour les prêteurs n'est plus tant que les crédits à la consommation soient remboursés mais que les prêts deviennent (pour les banques) des actifs perpétuellement rémunérateurs » (le mot important étant ici bien sûr « perpétuellement »), s'inquiète non sans raison Julie Williams, *chief counsel* de l'OCC[86].

UNE CRISE STRUCTURELLE DU RÉGIME D'ACCUMULATION ÉTASUNIEN ?

Mais qu'aurait été la croissance étasunienne sans ces excès ? Et *a contrario* que va-t-elle devenir maintenant qu'ils ont crevé ? Poser la question, c'est y répondre. Là où, normalement, une croissance soutenable procède pour l'essentiel du bouclage du circuit production-revenu-demande, le soutien de la croissance étasunienne est venu pour la plus grande part « de l'extérieur » – déficit budgétaire et crédit. Incidemment, tous ceux qui, après avoir encensé Alan Greenspan pendant ses années de gloire, crient maintenant haro sur le baudet et le désignent comme fauteur de tous les maux étasuniens, oublient un peu vite que sa politique monétaire n'aura fait que se montrer fonctionnellement adéquate aux réquisits du capitalisme déréglementé. Eût-il, *à structures invariantes*, conduit une autre politique, jamais la croissance étasunienne n'aurait été pareille. On ne devrait d'ailleurs pas tarder à s'apercevoir qu'une fois asséché, le carburant du crédit va beaucoup manquer... Car l'évaporation est en cours.

Les marges de manœuvre budgétaires ne sont pas extensibles à l'infini – même si au moins les États-Unis n'hésitent pas à les utiliser. Mais, par exemple, le paquet de stimulation budgétaire lancé au mois de mars 2008 (pas tout à fait un point de PIB) a été vite épuisé et l'illusion aura été à durée limitée. Inutile de compter sur un mouvement de désépargne des ménages étasuniens qui soutiendrait une reprise de consommation : leur épargne est nulle ou presque – 0,3 % de taux d'épargne en 2006, couronnement logique d'une tendance de vingt ans[87] qui a vu tous les moyens mobilisés pour satisfaire la frénésie consommatrice en régime de basse pression salariale. Et voilà les banques en mode *credit crunch*, avec à la clé, par contagion, une révision générale de la qualité de toutes les dettes : crédits auto, prêts étudiants et cartes de crédit sont en train de rejoindre la dette hypothécaire dans la suspicion. Quant à la « demande de crédit », elle pourrait se porter aussi mal que l'offre – la capacité d'endettement des ménages est en train de rejoindre son asymptote. Non seulement l'état de surendettement d'une grande proportion d'entre eux est avéré, ce dont témoigne le ratio, fût-il global, de leur dette ramenée à leur revenu disponible (120 %), mais la crise y ajoute son effet propre. Car l'auxiliaire du *Home Equity Loan* est en panne pour un moment. La chute des prix immobiliers a plongé bon nombre de ménages en situation d'*equity* négative : ayant acquis leur logement avec un apport faible, voire pas d'apport du tout, ils se retrouvent avec une dette supérieure à la valeur de leur bien. Jacques Sapir montre que, sur la période 2002-2007 de croissance des prix immobiliers, les ménages étasuniens ont, en moyenne, tiré du *Home Equity Loan* une capacité d'endettement de plus de 51 milliards de dollars par an (avec une pointe à 80 milliards pour l'année 2006), contre une moyenne annuelle de 5,8 milliards de dollars sur la période 1993-2001[88]. Les dépenses de consommation des ménages ont ainsi bénéficié d'un supplément moyen de 2,4 % l'an entre 2002 et 2007, contre 0,4 % entre 1993 et 2001.

À voir l'ampleur du levier offert par le procédé du *Home Equity Loan*, et la contribution à la croissance étasunienne de la dette des ménages en général mais plus particulièrement de leur dette collatéralisée par les actifs résidentiels, on comprend mieux ce cri du cœur d'Henry Paulson, saisi d'effroi à la déconfiture de Fannie Mae et Freddie Mac, et conjurant les députés de valider son plan de sauvetage en invoquant la raison supérieure que « l'immobilier est le cœur de l'économie de notre nation[89] ». Pour le coup, l'opportunisme manœuvrier rejoint la plus parfaite lucidité, à la grande surprise sans doute de tous les béats qui auraient juré sans hésiter que le « cœur » était évidemment à chercher dans la Silicon Valley ou bien à Seattle[90]. Oui, par ses volumes colossaux, par le nombre des ménages qu'il concerne, par le poids des engagements individuels qu'il suppose et par ses effets d'entraînement de toutes sortes, il se pourrait bien en effet que l'immobilier ait été le véritable cœur de l'économie étasunienne, sans doute moins glamour que toutes les mythologies technicistes, entrepreneuriales et flexibles savamment entretenues à son propos – et avec les conséquences qui s'ensuivent au moment où ses prix chutent dans des proportions jamais vues depuis 1929…

Petites crises et grande crise du capitalisme étasunien

Mais dans ces conditions quelle trajectoire l'économie étasunienne est-elle en train d'emprunter, et ne vient-elle pas de passer par un point de bifurcation ? John Bogle, fondateur du *mutual fund* Vanguard, pressent qu'il se passe quelque chose d'inhabituel dans la crise présente, pourtant pas la première à laquelle il ait droit : « j'ai prédit l'été dernier que ce serait mon dixième marché *bear*[91]. Mais celui-ci est différent. Les précédents reflétaient des problèmes dans le marché, non pas des problèmes dans la société et dans l'économie. Il s'ensuit que nous entrons dans une période beaucoup plus troublée que celles qui ont suivi tous les grands marchés *bear*[92]. » Pour une intuition de praticien, on ne saurait mieux rejoindre cette thèse centrale de la théorie de la Régulation[93] selon laquelle : 1) le cours du capitalisme est scandé en périodes au cours desquelles l'accumulation du capital s'opère selon une certaine « logique » d'ensemble – on parle de *régime d'accumulation*; 2) cette logique, toujours imparfaite, engendre continûment des déséquilibres mais rattrapés *dans le cadre* du régime d'accumulation et par le jeu même de ses mécanismes – on parle de *petites crises*; 3) mais cela seulement jusqu'au point où un cumul de tensions, non pas venues du dehors mais engendrées du fait même de la logique d'accumulation en place, ne peut plus être accommodé « de l'intérieur », ouvrant une *grande crise* qui signale l'arrivée aux limites du régime en place et n'admet pour résolution que la reconstruction tâtonnante d'une nouvelle séquence historique d'accumulation du capital. Or, à bien des égards, la série des crises financières et son « couronnement » par la crise du crédit font penser à la dichotomie régulationniste « petites crises »/« grande crise ». Devenus comme la marque de fabrique du capitalisme déréglementé, les accidents financiers à répétition ont été les manifestations successives des déséquilibres de valorisation constamment recréés du fait de l'instabilité intrinsèque des marchés de capitaux libéralisés, donnant incidemment du fond à l'idée que, parmi les multiples déréglementations, celle de la finance occupe une place distinctive, puisque le régime d'accumulation en vigueur aura donné à ses « petites crises » des expressions presque exclusivement financières. Ce statut de « petites crises » est pour beaucoup dans l'apparence d'une autonomie de la finance, puisque, systématiquement rattrapés, ces accidents sont à chaque fois apparus comme des parenthèses, interrompant le cours « normal » de l'accumulation par l'effet de perturbations spéculatives

« séparées » – même si elles n'ont jamais été sans conséquences dans l'économie réelle. Le caractère relatif de cette autonomie, et l'articulation en fait profonde de la finance et des caractéristiques « réelles » du régime d'accumulation sont de nouveau manifestes lorsque apparaissent non seulement un accident de marché de plus, mais beaucoup plus fondamentalement l'arrivée aux limites de la logique d'ensemble du financement de la croissance étasunienne – par quoi il est permis d'évoquer l'hypothèse de la « grande crise ».

Des symptômes du dérèglement structurel

En témoignent une série d'indices dont la convergence ne vaut pas encore tout à fait preuve, mais esquisse déjà un tableau général assez cohérent. Comme toujours les tensions se totalisent vers les sommets et se trouvent récapitulées en les hauts lieux du pilotage de l'économie. L'explosion à venir du déficit budgétaire étasunien en est la première expression. À 2,4 points de PIB de déficit pour 2008, le budget certes a de la marge et, moins borné que ses homologues européens empêtrés dans leur invraisemblable numérologie budgétaire, le gouvernement étasunien ne se fera pas faute de l'exploiter – bien au-delà des 3 %. La dernière crise, celle de 2000-2003, avait envoyé le déficit aux alentours de 5 points de PIB – il est vrai que la guerre d'Irak n'y a pas été pour rien. Ces à-coups budgétaires de plus en plus violents n'ont pas seulement pour effet de ridiculiser l'inepte orthodoxie européenne, mais signalent également une difficulté croissante à piloter la croissance étasunienne et la nécessité d'interventions de plus en plus fortes ; de ce point de vue, on peut être certain de la vigueur de la réponse à venir – et tout autant s'en inquiéter comme d'un symptôme de profond dérèglement.

Les signes les plus préoccupants viennent cependant d'ailleurs : de la sphère monétaire-financière une fois de plus. Car ce sont les attributs majeurs de l'hégémonie économique étasunienne qui se trouvent mis en question : la qualité de sa dette souveraine et le statut de sa monnaie. Il est encore trop tôt pour dire si la politique de change en vigueur depuis plus d'une année restera comme une remarquable audace couronnée de succès ou comme un pari terriblement aventureux. Version optimiste : à l'inverse des Européens et de leur banquier central, les États-Unis ont depuis le début compris en profondeur ce que signifie « devise forte » – non pas une monnaie dont le cours contre un panier s'efforce de se maintenir au plus haut, mais *une devise dont le cours peut connaître d'amples variations sans perdre son statut dans la croyance des investisseurs internationaux*[94]. La « monnaie forte » n'est donc pas un cours de référence, contrairement à ce que s'obstine à croire Jean-Claude Trichet, c'est une *latitude stratégique*, et les États-Unis ne se sont pas privés de l'exploiter. Ils le font de nouveau et, au moins pour ce qui est des années 2007-2008, leur croissance doit exclusivement à l'ajustement du change de n'avoir pas sombré complètement. Version pessimiste : si le succès des instrumentations stratégiques de la « monnaie forte » bien comprise suppose de se maintenir dans la croyance monétaire internationale, force est de reconnaître que celle-ci ne peut être sollicitée à l'infini et qu'il n'est rien de plus dangereux que de la laisser se détériorer. « Détériorer » n'est d'ailleurs pas le terme adéquat, car la croyance en cette matière ne connaît pas les degrés intermédiaires : ou elle est, ou elle est renversée. Bien sûr, on peut pressentir le renversement, mais il n'en survient pas moins toujours à grand fracas. Rien ne permet pour l'heure d'affirmer que, pour toutes les sollicitations stratégiques dont il est actuellement l'objet de la part du gouvernement étasunien, le dollar soit voué à cet effondrement. Mais il n'est plus permis de l'exclure *absolument*, et l'irruption de cette nouvelle option, fût-elle encore de probabilité minoritaire, est en soit suffisamment inquiétante – il suffit pour s'en convaincre d'imaginer les indescriptibles conséquences d'un *run* sur le dollar pour que même une probabilité faible paraisse insupportable. Or le remaniement souterrain de la croyance « dollar » est en cours depuis l'automne dernier dans les salles de marché. Il n'est pour l'instant d'aucune conséquence brutale, mais n'en nourrit pas moins une disposition de l'opinion financière collective qui pourrait trouver à s'activer à la faveur d'une conjonction imprévue d'événements adverses. En attendant, nul ne sait où se situent ces seuils invisibles dont le franchissement fait passer de l'ajustement du change à son effondrement…

Puisque tout ce qui était jugé incontestable est maintenant en question, il est logique que la dette souveraine étasunienne à son tour fasse l'objet d'interrogations. Et si elle perdait sa notation triple-A? La question, parfaitement incongrue il y a encore peu, circule désormais dans les notes d'analystes – et s'exprime dans les stratégies spéculatives. Le plan gouvernemental de secours à Fannie Mae et Freddie Mac, élaboré les 12 et 13 juillet 2008, aura été le point de bascule. Car, jusqu'à présent, le contribuable étasunien avait été tenu relativement à l'écart. L'intervention publique auprès de Fannie et Freddie est pourtant d'un ordre de grandeur comparable à celle qui a accompagné la reprise de Bear Stearns par JP Morgan – autour de 25 milliards de dollars. Mais elle a le mauvais goût de venir en second et de s'ajouter à la précédente – faisant monter l'addition. Et surtout elle porte le risque de ne pas être la dernière. Nul ne sait jusqu'où vont aller les déboires des deux entités, or le gouvernement a clairement affirmé sa volonté de ne pas les laisser s'effondrer *quoi qu'il lui en coûte* – et il pourrait lui en coûter beaucoup: Standard & Poor's estime en juillet qu'ajouter Fannie et Freddie au reste des banques pourrait porter la facture du sauvetage global à… dix points de PIB[95]! Voilà donc que font surface dans les salles de marché les évocations de la dette souveraine japonaise, elle aussi déchue au début des années 1990, à la suite d'une crise financière géante et que, pire encore, certains commencent à joindre le geste à la parole: les primes des CDS *(Credit Default Swap)* sur la dette souveraine étasunienne, c'est-à-dire le coût d'assurance de ses titres, est passé de 2 points de base* à 18 points de base pendant le week-end Fannie-Freddie des 12 et 13 juillet. Il y a donc maintenant des investisseurs qui prennent ouvertement des positions sur la dégradation de la dette publique étasunienne.

Enfin, il y a la politique monétaire. Jadis impériale, offerte à l'admiration du monde entier pour son efficacité, la voilà irrésolue et frappée d'hésitations, tandis que la banque centrale est en proie à des divisions intestines. Il est vrai que le choc « matières premières » survient au pire moment et la plonge dans de terribles dilemmes. Comme toute banque centrale, elle tire d'abord son crédit de sa lutte contre l'inflation. Mais la Réserve fédérale a aussi construit sa réputation sur son aptitude à ouvrir le registre de ses objectifs pour y faire entrer, en plus de la stabilité des prix, le pilotage de la croissance et de l'emploi ainsi que la régulation du système financier. Or voilà que tous ces objectifs la sollicitent simultanément, appelant chacun des actions contradictoires. L'inflation commande de relever les taux, mais la stabilisation financière et la détente du *credit crunch* de les baisser. Et bientôt peut-être la défense du dollar de les relever s'il est attaqué trop violemment. Or c'est peu dire que la Réserve fédérale hésite: à la vérité, elle semble ballottée au gré des fluctuations de l'opinion commune sur la « situation », et sa hiérarchie apparente de priorités frappée d'une grande instabilité. La phase juillet 2007-mars 2008, culminant avec le sauvetage de Bear Stearns, l'a vue tout entière engagée sur le front de la stabilité financière, maniant baisse des taux et fourniture abondante de liquidités. Mais la Fed a sans doute été trop pressée d'épouser, comme d'ailleurs le reste de la communauté financière, la thèse de printemps que « le gros de la crise était derrière nous». On peut lui pardonner d'avoir tant voulu y croire: l'idée de la détente financière avait le bon goût de lui faire aborder les problèmes séquentiellement et non simultanément, et par conséquent de la sortir d'inextricables dilemmes – après un succès de plus à endiguer la déstabilisation des marchés, elle allait pouvoir se mettre l'esprit tranquille au chantier de l'inflation. C'est pourquoi à partir du mois de mai la Réserve fédérale fait pivoter son dispositif et prépare le terrain pour l'interruption du mouvement de baisse des taux en nommant le nouveau risque dominant: l'emballement des anticipations inflationnistes. Il est grand temps: des voix dissidentes jusqu'au sein de son conseil, le *Federal Open Market Committee* (FOMC), s'inquiétaient depuis un moment déjà qu'on accorde trop au système financier et pas assez à la stabilité nominale, au risque de détériorer ce qui leur paraît demeurer à coup sûr le critère n° 1 de la performance du banquier central. Malheureusement, les événements n'ayant pas toujours l'heur de se présenter dans l'appareil souhaité, la thèse de la sortie de crise s'est rapidement révélée prématurée: choc des *monolines**, faillite d'Indymac, Fannie et Freddie enfin. Voilà l'audition de Ben Bernanke le 15 juillet au Congrès dominée par le sauvetage des GSE, les perspectives de multiplication des faillites bancaires et les risques sur la croissance. Le balancier est donc reparti dans l'autre sens, et les opérateurs des marchés décodent parfaitement le langage aseptisé mais assez binaire de la banque centrale: soit risque «*downside*» sur la croissance, soit risque «*upside*» sur les prix. Si ce n'est pas l'un, c'est l'autre, et même si c'est «les deux en même temps», comme c'est hélas le cas présent, seul l'un recevra l'attention de la banque centrale, et pour cause: elle ne peut pas courir deux lièvres à la fois... Après un printemps anti-inflationniste, l'audition du 15 juillet semble donner la prime au risque «*downside*». Mais le 22 juillet, finalement non: c'est bien toujours l'inflation qui est en haut de la liste. Pour toutes les indulgences que lui vaut une situation objectivement insaisissable, ces revirements du discours de la banque centrale pourraient bien s'avérer destructeur de son principal actif, cette chose intangible que faute de mieux on nomme sa «crédibilité». Il faut remonter trois décennies en arrière et même plus pour retrouver la banque centrale étasunienne dans pareil état de désorientation. Et cette calamiteuse situation n'est en rien le signe d'une coupable irrésolution des hommes, mais celui d'une accumulation en la politique monétaire de contradictions de plus en plus difficiles à accommoder – un symptôme par excellence de crise structurelle.

Sans surprise, ces contradictions traversent l'institution même et déchirent son comité directeur. Les minutes des réunions du FOMC révèlent des délibérations houleuses et les progrès corrosifs du dissensus. Ces tensions expriment pour une part la structure même de la Réserve fédérale dont le comité fait siéger les représentants des Réserves régionales à côté des membres du directoire. Or les premiers sont plus à cheval sur l'orthodoxie anti-inflationniste quand les seconds, plus enclins à des points de vue globaux, sont davantage préoccupés du risque systémique – en cela généralement rejoints par le représentant de la Réserve régionale de New York, qui a Wall Street sous les yeux, et se trouve directement à la manœuvre quand il faut éponger Bear Stearns. D'abord tenues à un devoir de réserve sous le coup de l'urgence, des langues commencent à se délier. William Poole, quittant la Fed de Saint Louis, juge «consternante» la situation créée par le sauvetage de Bear Stearns. Vincent Reinhardt, fonctionnaire de très haut rang, la qualifie de «pire erreur en une génération». Richard Fisher, le président de la Fed de Dallas, voudrait un président comme Trichet, qui n'hésite pas à monter les taux[96]. Là encore, il faut remonter des décennies en arrière pour trouver trace de pareilles divisions dans les débats de la Fed. Et pourtant on chercherait en vain l'action sournoise d'un mystérieux virus de la zizanie. La concorde spontanée n'était que le produit d'une situation objective de la politique monétaire qui rendait sa conduite simple et ses problèmes aisément solubles – l'expression d'un régime d'accumulation bien installé dans lequel ne surviennent que des « petites crises ». Le dérèglement des interventions monétaires, les divergences qui font exploser la communauté banquière-centrale manifestent la dislocation d'une unité doctrinale ancienne, mais surtout le délitement sous-jacent de la cohérence macroéconomique qui avait rendu cette unité possible.

Vers la croissance « molle » ?

On aurait tort de voir la « grande crise » de la théorie de la Régulation comme un concept à grand spectacle. Quoi que son nom puisse suggérer, il n'implique pas nécessairement des effondrements cataclysmiques ou des ruines totales. Il désigne analytiquement l'arrivée aux limites d'un régime d'accumulation et l'ouverture d'une phase indécise qui verra la recomposition d'une nouvelle « cohérence » capitaliste. Si bien sûr la thèse de grande crise, ou de crise structurelle du régime d'accumulation étasunien, était avérée – et l'occasion est donnée de rappeler qu'elle n'est ici émise que sur le mode de la conjecture –, à quoi pourraient ressembler les tendances à venir de la croissance ? Une longue transition de croissance molle offre un scénario possible pour un « entre deux cohérences ». Que la cohérence ancienne soit perdue, c'est probable, comme l'atteste l'épuisement du modèle de financement de l'économie étasunienne. Bien sûr, il est toujours possible d'imaginer l'apurement d'une partie de la dette immobilière des ménages, ou bien, passé l'accident subprimes, la reprise de la croissance de leur taux d'endettement – après tout, les ménages britanniques sont vingt points devant, c'est donc qu'il y a encore de la marge. Mais peu importe, à terme une chose est certaine : il y a quelque part une limite supérieure au soutien permanent de la consommation par le crédit. Au passage, l'idée que les fonds souverains, et plus généralement les investisseurs de long terme, pourraient constituer l'axe central d'un nouveau régime de financement de l'économie étasunienne est assez étrange. Ces acteurs ont sans doute vocation à intervenir dans le financement des entreprises, mais leur contribution possible à celui des ménages est des plus douteuses – à moins qu'on ne forme le projet de les associer à une nouvelle vague de titrisation qui a si bien fait étalage de ses mérites. On voit donc mal, à part remettre à flots les capitalisations bancaires – ce qui n'est certainement pas négligeable mais ne fait pas un mode de financement alternatif –, à quoi ces fonds pourraient être utiles en ce grand moment keynésien : celui du constat des contraintes qui pèsent sur une économie dont la demande interne dépend à 70 % de la consommation, quand cette dernière, incapable de se trouver suffisamment alimentée par le salaire, doit aller chercher des compléments permanents dans le crédit. Si la solution « titrisation-surendettement » à cette équation keynésienne a démontré son potentiel de catastrophe, et rencontrera de toute façon à terme sa limite absolue, ne reste que la solution alternative de la re-solvabilisation *salariale* de la demande des ménages. Mais c'est là une tout autre affaire puisqu'elle supposerait en fait une transformation radicale de toutes les formes institutionnelles qui soutiennent le régime de basse pression salariale, à savoir la concurrence mondiale *« level playing field »* et l'hégémonie du point de vue actionnarial sur les entreprises – ni plus ni moins que les structures mêmes de la mondialisation... Est-ce assez dire, sans même parler de la dimension idéologique du problème, combien peu probable est sa solution à court terme ?

On a cependant tendance à oublier que les non-solutions sont des formes possibles de solutions – et pas les moins fréquentes. La non-solution consisterait en l'espèce, à institutions du capitalisme déréglementé peu modifiées, à simplement réduire l'intensité du dopage de la consommation par le crédit, d'où résulteraient inévitablement des pertes de croissance, mais sans dépression majeure. L'économie étasunienne passerait d'un taux moyen de croissance de plus de 3,2 % sur la période 1992-2007 (en sortant l'année 2001) à un taux moyen gravitant autour de 2 % par exemple, voire moins, et cela tout le temps nécessaire à la reconstruction d'une cohérence alternative de l'accumulation du capital, par exemple par l'amélioration structurelle de la compétitivité, le relais durable des exportations, ou quoi que ce soit d'autre. Il est cependant une force de rappel qui pourrait se manifester à plus court terme. Toute la politique économique étasunienne est puissamment orientée par l'idée-force que la société ne peut supporter un sous-emploi de masse durable et que tout doit être fait pour laisser au chômage le statut d'un point de passage toujours possible mais de courte durée, sachant qu'un salarié étasunien qui perd son emploi perd du même coup sa protection sociale et celle de sa famille… On comprend mieux l'interventionnisme radical de la politique économique étasunienne qui laisse les inepties du laisser-faire à l'usage des gouvernants européens suffisamment crétins pour les prendre au sérieux. Il faut dire qu'au regard du maniement plus que vigoureux des instruments keynésiens, et de leur indiscutable contribution aux performances de croissance et d'emploi des États-Unis, la thèse de la « préférence française pour le chômage », qui n'avait rien trouvé de mieux que de rendre l'« égoïsme salarial » des munis d'emploi responsable du chômage des autres, a bonne mine – et cela dit en faisant abstraction de ses arrière-goûts les plus détestables. Or l'intolérance de la société étasunienne, et surtout de sa politique économique, pour le chômage sera inévitablement mise à l'épreuve en régime de croissance molle. S'il est une force politique qui puisse susciter une réaction suffisamment puissante pour amorcer le virage vers un capitalisme post-déréglementation, et rendre à nouveau possible la pleine solvabilisation salariale de la vie matérielle des ménages étasuniens, ce sera celle-là et sans doute aucune autre.

Et si rien de tout ça ne se passait ? Le prospectiviste aurait l'air malin – ce ne serait pas la première fois... La projection de moyen terme suppose beaucoup trop d'hypothèses implicites pour avoir des chances raisonnables de confirmation, notamment des hypothèses de stationnarité ou d'invariances structurelles : « il se passera *ceci*, compte tenu des forces de l'état présent, *à condition que "tout le reste" demeure tel quel et que rien de nouveau ne survienne dans le paysage* » – en général, c'est beaucoup demander... Quitte à assumer quand même le risque « prospectif » sans prendre la première issue de secours, il est une (double) proposition sur laquelle la présente analyse persiste et signe : 1) la crise financière ouverte en 2007 exprime comme aucune autre avant elle les tendances profondes du régime d'accumulation en place depuis deux décennies ; 2) elle en révèle aussi les limites : que celles-ci soient atteintes pour de bon maintenant ou plus tard, c'est une question plus incertaine. Mais elles ont été montrées. La présente crise sera peut-être surmontée une fois de plus – non sans douleurs économiques réelles. Mais ce ne sera que partie remise.

PENDANT CE TEMPS-LÀ EN FRANCE...

Et pendant ce temps-là en France, quoi de neuf ? Rien. On travaille juste à installer complètement le modèle importé des États-Unis au moment où celui-ci entre en crise... Les confirmations européennes répétées du duopole UMP-PS (ou PSG ? – comme Parti socialiste de gouvernement) témoignent de cette remarquable constance à forcer la société française à l'ajustement. Car s'il faut entendre par « mondialisation » le processus de déréglementation générale de tous les marchés, on voit mal comment il pourrait échapper à un esprit même modérément doté en capacités logiques que l'actuelle Union européenne, qui a pour articles premiers l'établissement de *level playing fields* généralisés, s'y conforme, s'y identifie, au point d'en être la simple délégation régionale. Tout ce que les médias comptent de répétiteurs libéraux s'escrime à nous exhorter de devenir enfin anglais ou, mieux encore, « américains », les plus hypocrites pleurant à chaudes larmes sur le « drame des inégalités » mais sans vouloir aller jusqu'à l'analyser comme une caractéristique absolument consubstantielle au « modèle » dont ils se font par ailleurs les apologètes. La gauche de droite, celle de Besson, d'Attali, sans compter tous ceux qui, restés au PS(G), n'en pensent pas moins, apporte tout son concours à l'accélération sarkozyenne d'un processus d'ajustement dont eux aussi déplorent depuis si longtemps la lenteur. Fidèle à l'esprit du « rattrapage », le rapport Attali, en cela conforme à la vision du monde et à la philosophie de l'existence de son commanditaire, retient la concurrence généralisée comme le souci constant, et en fait exclusif, de la « réforme ». À cet égard, le contresens de la concurrence dans la grande distribution comme stratégie de redressement du pouvoir d'achat est exemplaire de l'impasse systématique qui fait attraper le problème par le côté des prix et jamais par celui du salaire : lorsque le salarié revendique, on répond au consommateur… Mais la baisse des prix qu'on sert à ce dernier est cela même qui met sous pression le salaire nominal du premier, puisque l'ajustement concurrentiel des prix procède par celui des coûts… salariaux ! Merveille de la concurrence et preuve s'il en fallait de la remarquable cohérence interne du capitalisme déréglementé, les salariés jetés à la rue par un plan de délocalisation, décidé au nom de la compétitivité des prix, n'ont pas d'autre ressource que d'aller faire leurs courses au *hard discount* qui est l'extrémité la plus féroce de la chaîne concurrentielle, et activent précisément tous les mécanismes dont ils viennent d'être les victimes. Les salariés, à leur corps défendant, donnent ainsi « raison » à l'enchaînement même qui les maltraite, et contribuent, faute de toute autre possibilité, à le reconduire. On peut donc être tout à fait certain que les efforts déployés pour sauver le pouvoir d'achat par la concurrence n'auront d'autre effet que de précipiter le salariat un peu plus profond dans la difficulté matérielle, et cela jusqu'au point où « s'imposeront » comme seules solutions restantes celles qui ont déjà été si bien pratiquées aux États-Unis : l'allongement de la durée du travail – mais nous y sommes déjà – et le relais massif des revenus défaillants par le crédit à la consommation – juste deux petites décennies de retard.

La concurrence délabre et se délabre à tous les étages, dans le compartiment de la finance à grand fracas, et dans le régime d'accumulation de manière silencieuse et perverse. Viendra-t-il à l'idée de nos « réformateurs » que tout ce qui est de nature à modérer le contrecoup réel de la crise financière est à trouver dans le legs du fordisme honni : ce qui reste au marché du travail de « rigidités » est précisément ce qui évite les ajustements à la baisse trop violents des salaires et de l'emploi ; l'État-providence, obèse et déresponsabilisant, cela va sans dire, a tout de même l'avantage de verser des revenus de transferts indépendants de la conjoncture et bien utiles pour stabiliser le revenu disponible des ménages en phase de retournement ; la retraite par répartition sécurise les pensions et rend par construction impossible que, à la façon de ménages étasuniens de plus en plus nombreux, la combinaison de l'insuffisance du revenu salarial et du surendettement ne conduise à faire l'ajustement en puisant dans les comptes individuels d'épargne retraite capitalisée – on peut imaginer que la France sous double commande UMP-PSG se lancera joyeusement – enfin ! – dans la capitalisation au moment où l'on verra apparaître les premiers vieux miséreux sur les trottoirs étasuniens... Bref, c'est nécessairement dans le pôle hors marché, hors concurrence, hors privé que se trouvent les forces contracycliques, les seules capables de s'opposer aux enchaînements cumulatifs qui autrement prolongent et approfondissent les retournements – et c'est cela que la «réforme» s'attache méthodiquement à détruire...

Mais peu importe: il reste des Éric Le Boucher et des économistes en Cercle pour chanter les bienfaits de cette forme bien à eux de la destruction créatrice. Comme d'habitude, Nicolas Baverez a tout compris: «À rebours des années de protestations nihilistes *(sic)* [...] la poursuite du processus de réforme en dépit de [...] la dégradation de la conjoncture constitue un signal très positif[97].» À part les plus définitivement irrécupérables, le spectacle des subprimes a cependant été un peu trop riche en impressions colorées et commence à ébranler quelques esprits. Bien sûr, prudence oblige, il était préférable d'attendre une bonne année de déglingue avant de s'avancer. Mais on enregistre de-ci de-là les premiers effets du doute – il est un autre indicateur avancé des changements d'époque: le discret déboutonnage de vestes avant le grand retournement. Car les mêmes qui n'avaient jamais assez de voix pour convaincre d'archaïsme quiconque n'adhérait pas pleinement aux principes du monde déréglementé s'avisent progressivement que l'état présent du capitalisme est de plus en plus difficile à défendre et que, au spectacle de crises toujours plus spectaculaires, le vent pourrait bien tourner. Les plus malins, ou les moins aveugles, ont depuis quelques années commencé à baliser leurs sentiers de délestage. Des personnages aussi bien institutionnellement installés que Patrick Artus ou Jean Peyrelevade tiennent sur le capitalisme financier des propos qu'on trouverait insupportablement violents dans la bouche de n'importe quel altermondialiste, et raflent le bénéfice de la (demi-)critique radicale enrobée de respectabilité institutionnelle. « Demi » seulement car leurs préconisations ont du mal à être à la hauteur de leurs analyses acérées : faire son *aggiornamento* intellectuel est une chose ; trancher dans le vif des intérêts dominants en est une autre… Pour empêcher « le capitalisme de s'autodétruire », Patrick Artus et Marie-Paule Virard attendent de « tous les acteurs [de la finance] [qu'ils] décident spontanément de réagir pour corriger [leurs] biais de comportement[98] » et en appellent à leur « responsabilité » – au risque de mal payer Patrick Artus pour ses efforts de détoner (heureusement) au milieu des économistes institutionnels, c'est bien là le genre d'appel qui n'engage pas beaucoup plus que l'expression des préférences pour la paix et contre la faim dans le monde.

Après avoir dénoncé avec finesse les « criailleries des mouvements hostiles à la mondialisation »[99], Jean Peyrelevade, quant à lui, tient de terribles propos sur le capitalisme financier, très semblables à ceux qu'il fustige, et dont il ne semble pas voir qu'ils font de lui un braillard de plus, avant de terminer par la léniniste question « Que faire ? ». On pouvait s'en douter : au moment de passer à l'action, la sainte fureur de Jean Peyrelevade ne donne pas davantage qu'un pet de lapin : que faire pour endiguer les ravages du capitalisme financier ? de la coordination mondiale ! – et rendez-vous dans cinquante ans. Depuis, Jean Peyrelevade est revenu à des horizons temporels plus humains et à des formes d'actions moins incertaines. Là où même le Medef se fait discret à propos du partage de la valeur ajoutée, lui jure que celui-ci est devenu atrocement défavorable… aux entreprises ! Et préconise en conséquence que ces goinfres enrichis de salariés restituent au plus vite quelques points de PIB au capital qui dépérit[100]. Pour le coup, pas besoin de coordination internationale !

D'autres qui ont la conversion plus tardive l'ont nécessairement plus maladroite. Élie Cohen n'a visiblement pas parfaitement saisi ce qui se passe à l'été 2007 et son commentaire à chaud est directement extrapolable de ses apologies ravies des dix dernières années: « Dans quelques semaines, le marché se reformera et les affaires reprendront comme avant[101] »; « il faut s'habituer à l'idée que [les crises financières] ne constituent pas des cataclysmes mais des méthodes de régulation *(sic)* d'une économie mondiale que l'on n'arrive pas vraiment à encadrer par des lois ou des politiques[102] » – « s'habituer à l'idée », ou la philosophie économique d'Élie Cohen en deux mots. Un an plus tard cependant, on ne sait plus trop quoi penser de la bénignité des crises financières comme « méthode de régulation » ni si elles ne seraient pas subrepticement devenues plus « cataclysmiques » que prévu car, dans le documentaire dont Élie Cohen est coréalisateur[103], on voit une animation graphique d'un goût douteux, à base de corps chutant dans le vide des gratte-ciel new-yorkais, sans doute pour illustrer la défenestration des faillis, mais qui en rappellent irrésistiblement d'autres. La chose ne mériterait pas une ligne si l'on ne se prenait à imaginer la tempête des réactions scandalisées qui aurait suivi pareille illustration sous une signature « critique de la mondialisation » – ne s'était-il pas trouvé un personnage, Philippe Chalmin en l'occurrence[104], d'une bêtise suffisamment ignominieuse, pour faire explicitement le lien entre antilibéralisme économique et terrorisme du 11 Septembre?

À la remorque de leurs précepteurs libéraux, mais avec un temps de retard comme d'habitude, et surtout un remarquable sens de l'à-propos historique, les socialistes français ont décidé, par charte de principes fondamentaux interposée, de déclarer leur adhésion sans réserve à l'idée « du marché » au moment précis où le capitalisme déréglementé part en morceaux. Il y aurait beaucoup à dire sur la profonde ineptie d'un tel débat, archétype même de la pensée en vrac, idéalement fait pour correspondre aux formes de l'entendement journalistique, et dont il était par conséquent fatal que les socialistes y vissent un *schibboleth*, le chiffre de leur conversion. Qui pourrait s'étonner dans ces conditions que le plan d'arraisonnement de la finance présenté ici même ait tout pour provoquer leur stupéfaction mêlée d'horreur ? Et quel degré d'abomination ne leur inspirerait pas l'idée que ce plan n'a fondamentalement de sens que comme élément d'un dispositif nécessairement plus vaste ? N'est-ce pas pourtant l'enseignement principal de cette énième, mais singulière, secousse de la finance *en tant qu'elle signale les limites du régime d'accumulation où elle se trouve incluse*? Si l'alternative est bien celle que s'apprêtent à rencontrer les États-Unis, à savoir le binôme « concurrence dépressionnaire du pouvoir d'achat et relais par le crédit titrisé » ou bien « finance un peu re-régulée et croissance molle », la conclusion s'impose avec évidence : fermer le privilège de profitabilité de la finance se justifie en soi, mais si la question véritablement posée déborde le seul cadre de la finance, alors la réponse se doit d'avoir la même extension. En d'autres termes, s'il n'y a pas crise de la « finance seule » mais crise – avérée ou à venir – du régime de croissance, c'est *l'ensemble* des formes institutionnelles du « capitalisme déréglementé à dominante financière » qui appelle une profonde transformation – et notamment d'engager celle de la concurrence immédiatement après celle de la finance. Pauvres socialistes : ne sachant pas vraiment, de l'idée triviale et molle d'« économie de marché » ou de l'idée précise et toxique d'« économie à déréglementation concurrentielle généralisée », laquelle ils épousaient vraiment, les voilà, par défaut, ralliant triomphalement un monde finissant. La logique voudrait qu'ils finissent avec lui. À vrai dire, ils sont déjà, quoique eux seuls l'ignorent, le corps mort de la vie politique française. Et, faute d'une trop improbable régénération minoritaire de l'intérieur, en attente d'un autre qui se lèvera à sa place.

GLOSSAIRE

AAA, AA, A, BBB, etc.: Système (Standard & Poor's) de notation de la qualité des titres de dette. Plus le titre est risqué, plus la note est basse… et plus le rendement est élevé.

ABCP: *Asset Backed Commercial Paper.* Billet de trésorerie adossé à des créances titrisées. L'ABCP est émis comme un instrument de financement à court terme.

ABS: *Asset Backed Securities.* Titre adossé à des actifs. Généralement obtenu par titrisation de crédits bancaires ou de créances commerciales. L'ABS est un produit structuré*.

Appel de marge: Révision quotidienne du montant du dépôt de marge* en fonction des plus- ou des moins-values enregistrées par la position.

CDO: *Collateralized Debt Obligation.* Variété d'ABS* « de degré deux » obtenue par retitrisation d'un *pool* de créances titrisées de type ABS.

CDS: *Credit Default Swap.* Contrat d'assurance de la valeur d'une créance obligataire. En échange d'une prime, le « vendeur de protection » s'engage à dédommager l'« acheteur » de toute perte résultant d'un incident de paiement sur le titre obligataire assuré.

Collatéral: Actif mis en gage par un agent contractant une dette.

***Credit crunch*:** Contraction de l'offre de crédit par les banques à la suite d'une crise financière où elles se sont trouvées particulièrement impliquées.

Densité de probabilité: voir Loi de probabilité.

Dépôt de marge: Obligation, imposée par les marchés organisés de produits dérivés, d'un dépôt immédiat en cash pour prendre une position. Le dépôt de marge représente une fraction minime de la position. Un dépôt de marge est également imposé aux *hedge funds* par leur *prime broker**.

Entité de référence: Débiteur (en général une entreprise) correspondant au titre de dette assuré par un CDS*.

Equity : Capitaux propres. Par une extension de l'usage, en toute rigueur impropre, *equity* désigne aussi les tranches de plus basse séniorité* d'un dérivé de crédit structuré* (qui est un titre de *dette*).

Investment Grade : Produits financiers de notation comprise entre AAA et BBB, admissibles pour l'investissement de l'épargne longue (pensions). À l'autre extrémité, les titres les plus risqués sont dits *Speculative Grade* ou… *Junk*.

Levier : Tout procédé permettant à un opérateur de prendre des positions excédant ses capitaux propres. Le plus commun consiste en le recours à l'endettement. Une autre sorte de levier est fournie par les dépôts de marge*.

Libor : *London Interbank Offered Rate*. Taux du marché interbancaire de Londres. L'Euribor est son équivalent européen. Ces taux servent de référence pour tous les autres taux d'intérêt.

Liquidité : Le cash. Par extension, la liquidité désigne : 1) l'état de la trésorerie d'un agent ; 2) la capacité qu'offre un marché d'y vendre « facilement » ses titres, donc d'en sortir, pour retourner au cash.

Loi de probabilité : Fonction régissant le comportement d'une grandeur aléatoire (par exemple le prix d'un actif). Pour chaque valeur X du prix, la loi indique la probabilité pour que le prix soit inférieur ou égal à X.

Mark-to-market : Méthode de comptabilisation des titres financiers à leur valeur instantanée de marché (par opposition à la comptabilisation à leur valeur historique).

MBS : *Mortgage Backed Securities*. Variété d'ABS* obtenue par titrisation de crédits immobiliers. On distingue les RMBS (R pour *Residential*) adossés à des crédits immobiliers aux ménages, et les CMBS (C pour *Commercial*) pour l'immobilier d'entreprise.

Monoline : Rehausseur de créances. Les *monolines* sont des assureurs de titres obligataires.

OTC : *Over The Counter*. Désigne les transactions de gré à gré sur des produits dérivés – par opposition aux transactions passant par des marchés organisés et soumises à leurs standards et à leurs règlements.

Points de base: Centième de pourcent de taux d'intérêt. De 5 % à 5,10 %, il y a dix points de base.

***Prime broker*:** banque d'investissement fournisseur de services financiers intégrés aux *hedge funds*.

Ratio de capital: ou ratio de solvabilité, ou ratio prudentiel, ou ratio Cooke (ou McDonough). Ratio des capitaux propres d'une banque par rapport au total de ses engagements risqués (crédits et actifs divers). Les accords de Bâle fixent son seuil minimal à 8 %.

Risque de contrepartie: Risque lié à la disparition (faillite) d'une des parties à une transaction qui ne peut plus payer ou livrer à l'autre ce qu'elle s'était engagée à acheter ou vendre.

Risque de crédit: Risque lié au défaut de paiement d'un débiteur sur sa dette.

Risque systémique: Situation dans laquelle une faillite locale entraîne collatéralement par activation des risques de crédit* et des risques de contrepartie* une série divergente d'autres faillites, avec menace d'effondrement global du système financier.

ROE: *Return On Equity**. Rendement des capitaux propres.

Séniorité: Hiérarchisation, selon leur degré de subordination*, des tranches d'un produit structuré*. Les tranches de plus basse séniorité (*equity** et *mezzanine*) sont subordonnées à la protection de la tranche *senior* contre les défauts de paiement réduisant la valeur de l'actif de l'ABS*.

SPV: *Special Purpose Vehicle.* Structure juridique, généralement *offshore*, portant les opérations de titrisation.

Structuré (produit): Différenciation d'une ligne de titre obligataire en tranches portant différentes caractéristiques de risque et de rendement et dont certaines sont subordonnées aux autres.

Subordination: Établissement d'un lien de dépendance fonctionnelle entre un actif (ou une tranche d'actif) et un (une) autre. En général, la subordination établit un ordre de priorité entre les actifs pour être « servis » en cas de défaut du débiteur (liquidation).

Titrisation: Opération consistant à transformer des crédits bancaires en titres de type « obligataire » négociables sur des marchés.

NOTES

1. Le 14 mars 2008, JP Morgan rachète Bear Stearns pour une valeur de 2 dollars l'action – qui en valait 170 un an auparavant – ensuite révisée à 10 dollars
2. À ce sujet, Frédéric Lordon, *Et la vertu sauvera le monde… Après la crise financière, le salut par l'« éthique » ?*, Paris, Raisons d'agir, 2003.
3. Les termes suivis d'un astérisque sont inclus dans le glossaire de fin de texte.
4. Cité par Gillian Tett, « The big freeze : a year that shook faith in finance », *Financial Times*, 3 août 2008.
5. Krishna Guha et Chris Giles, « Banks take blame for crisis », *Financial Times*, 10 avril 2008.
6. « Fixing finance », *The Economist*, 5 avril 2008.
7. « Wall Street's crisis », *The Economist*, 22 mars 2008.
8. « Will it fly ? », *The Economist*, 5 avril 2008.
9. « The regulators are coming », *The Economist*, 29 mars 2008.
10. « Fixing finance », *art. cit.*
11. Quand il est des ouvrages d'économistes aussi profonds et impressionnants que faciles d'accès, il ne faut pas se priver de les citer : Charles Kindleberger, *Histoire mondiale de la spéculation financière*, Paris, Éditions PAU, 1994.
12. Président de la Réserve fédérale étasunienne de 1987 à 2006.
13. « Repel the calls to contain competitive markets », *Financial Times*, 4 août 2008.
14. Éric Le Boucher, « L'hyper-finance en reconstruction », *Le Monde*, 19 avril 2008.
15. Frédéric Lordon, « Une mesure contre la démesure de la finance : le SLAM », *Le Monde diplomatique*, février 2007.
16. Martin Barnes, BCA Research, cité in *The Economist*, 22 mars 2008.
17. « Cycle Clips », A special report on international banking, *The Economist*, 17 mai 2008, p. 19.
18. Édouard Tétreau, *Analyste. Au cœur de la folie financière*, Paris, Grasset, 2005.
19. Alan Greenspan, « We will never have a perfect model of risk », *Financial Times*, 17 mars 2008.
20. *Id.*
21. Ainsi nomme-t-on le tissu des entreprises moyennes allemandes.
22. La Banque Privée *(Private Banking)* est le département dédié à la gestion des fortunes de la clientèle privée super-riche.

23. Son « nom de scène » dans l'univers des marchés.
24. Michel Rocard, « Tous derrière Laurence Parisot! », *Le Monde*, 5 mars 2008.
25. Rappelons que Laurence Parisot a été élue à la tête du Medef contre l'UIMM (la fraction « industrielle » du patronat) jusqu'ici faiseuse de roi, et avec le soutien des pôles « services » et « finance » du patronat.
26. John Hull, *Options, futures et autres actifs dérivés*, Paris, Pearson Education, 6e édition, 2007.
27. *Id.*, p. 781.
28. Estimation de juillet 2008.
29. Pierre-Antoine Delhommais, « Une mondialisation heureuse mais heurtée », *Le Monde*, 9 août 2007.
30. Pierre-Antoine Delhommais, *5 milliards en fumée. Les dessous du scandale de la Société Générale*, Paris, Seuil, 2008.
31. Scheherazade Daneshkhu et Peggy Hollinger, « Report set to criticise culture of SocGen », *Financial Times*, 21 mai 2008.
32. Nicolas Baverez, « Éthique du capitalisme mondialisé », *Le Monde*, 11 mars 2008.
33. Jean-Hervé Lorenzi, *Libération*, 11 août 2007.
34. Christian de Boissieu, « Crise financière et régulation des fonds », *in* Bertrand Jacquillat (dir.), *Hedge funds, private equity, marchés financiers : les frères ennemis?*, Le Cercle des Économistes, Paris, PUF, 2008, p. 109.
35. Yves Simon, « Les *hedge funds*, la titrisation et la crise de l'été 2007 », *in* B. Jacquillat, *op. cit.*, p. 96.
36. *Ibid.*, p. 98.
37. *Ibid.*, p. 96.
38. C. de Boissieu, *art. cit.*, p. 113.
39. Peter Bernstein, *Des idées capitales*, Paris, PUF, 1995.
40. En fait après... James Tobin!
41. Rappelons que, le risque croissant avec le rendement – et inversement –, un actif noté « triple-B » paye plus, par construction, qu'un actif triple-A moins risqué.
42. Le siège de la Banque des règlements internationaux et du « comité de Bâle » qui rassemble les principaux banquiers centraux en charge de l'élaboration d'une norme internationale de régulation prudentielle des banques.
43. André Orléan, *Le Pouvoir de la finance*, Paris, Odile Jacob, 1999.
44. André Orléan, « L'individu, le marché, l'opinion : réflexions sur le capitalisme financier », *Esprit*, novembre 2000.
45. International Swaps and Derivatives Association (ISDA), Market Survey 2008.

46. Pour quelques approfondissements, voir http://blog.mondediplo.net/-La-pompe-a-phynance-.
47. Aline Van Duyn et Michael MacKenzie, « 'Tranche warfare' breaks out over CDOs », *Financial Times*, 14 avril 2008.
48. Dont 596 trillions de dollars en produits OTC* et 80 en produits échangés sur les marchés organisés (Banque des règlements internationaux, *BIS Quarterly Review*, juin 2008).
49. Voir http://blog.mondediplo.net/-La-pompe-a-phynance-.
50. Jean-Michel Rocchi et Michel Ruimy, *Les Dérivés de crédit. Risques de crédit et solutions*, Paris, Séfi Éditions, 2004.
51. Ian Kerr, « CDOs – Chernobyl Decay Obligations », *Financial News online US*, 9 juillet 2007.
52. Yves Smith, « CDO margin requirements increased considerably », *Naked Capitalism*, 7 juillet 2007.
53. Yalman Onaran, « In unforgiven margin call, Bear funds failed on Merrill CDOs », *Bloomberg*, 3 janvier 2008.
54. Ian Kerr, *art. cit.*
55. *The Economist*, 22 septembre 2007.
56. Daniel Bouton, entretien, *Le Figaro*, 8-9 septembre 2007.
57. *Id.*
58. Frédéric Oudéa, directeur financier de la Société Générale à cette époque, cité *in* « Les banques relativisent leur exposition à la crise », *La Tribune*, 11 septembre 2007.
59. « The great Northern run », *The Economist*, 22 septembre 2007.
60. « Les semaines passées ont montré que les financiers ne comprenaient pas parfaitement les produits qu'ils négociaient. »
61. « When it goes wrong… », *The Economist*, 22 septembre 2007.
62. Gillian Tett, « Vicious spiral haunts debt market », *Financial Times*, 6 mars 2008.
63. Ambrose Evans Pritchard, « Fed's rescue halted a derivatives Chernobyl », *The Telegraph*, 24 mars 2008.
64. « Notional amount of derivative contracts, top 25 commercial banks and trust companies in derivatives, september 30, 2007 », *Office of the Comptroller of the Currency Report.*
65. Arup Gosh, Graham Rennison, Arne Soulier, Puneet Sharma et Magdalena Malniowska, « Counterparty risk in credit markets », *Quantitative Credit Strategy*, Barclays Capital, 20 février 2008.
66. Le « syndrome chinois » a longtemps désigné la forme maximale de l'accident nucléaire : fonte du réacteur en un noyau si dense qu'il aurait traversé toute la Terre et débouché « en Chine »…
67. A. Gosh *et al.*, *art. cit.*
68. Euribor : *Euro Interbank Offered Rate.*

69. Alan Greenspan, *Le Temps des turbulences*, Paris, JC Lattès, 2007, p. 304.
70. CNBC, 3 août 2007, à voir à : http://www.youtube.com/watch?v= GKZ gfrsItmw.
71. « When the rivers run dry », Economic Focus, *The Economist*, 8 mars 2008.
72. La dette consolidée de l'Argentine est de 132 milliards de dollars fin 2001.
73. Chris Giles et Gillian Tett, « Central banks tear up rules of intervention », *Financial Times*, 12 décembre 2007.
74. Le comité de Bâle est constitué des représentants des banques centrales et des autorités nationales de supervision.
75. On parle aussi de densité de probabilité.
76. Parmi tous ses travaux, deux des plus récents : « La notion de valeur fondamentale est-elle indispensable à la théorie financière ? », *Regards croisés sur l'économie. Comprendre la finance contemporaine*, 3, mars 2008 ; « Réflexions sur l'hypothèse d'objectivité de la valeur fondamentale dans la théorie financière moderne », *in* D. Bourghelle, O. Brandouy, R. Gillet et A. Orléan, *Croyances, représentations collectives et conventions financières*, Paris, Economica, 2005.
77. « Cycle clips », A special report in international banking, *The Economist*, 17 mai 2008.
78. Cité *in* « Professionally gloomy. Risk managers take a hard look at themselves », A special report on international banking, *The Economist*, 17 mai 2008, p. 11.
79. Damian Paletta, Greg Ip et Michael Phillips, « Paulson plan begins battle over how to police markets », *The Wall Street Journal*, 31 mars 2008.
80. Alan Greenspan, « We will never have a perfect model of risk », *Financial Times*, 17 mars 2008.
81. http://www.monde-diplomatique.fr/2007/09/LORDON/15165.
82. Voir à ce propos Frédéric Lordon, *Et la vertu sauvera le monde...*, *op. cit.*
83. Camille Landais, « Les hauts revenus en France (1998-2006) : une explosion des inégalités ? », document École d'économie de Paris, juin 2007.
84. Jacques Mistral, « Supprimer la phase descendante du cycle peut gravement nuire à votre croissance à long terme. Essai sur l'activisme monétaire d'Alan Greenspan », *in* Patrick Artus (dir.), *La Crise financière. Causes, effets et réformes nécessaires*, Les Cahiers, Le Cercle des économistes, Paris, PUF, 2008.
85. Gretchen Morgenson, « Given a shovel, Americans dig deeper into debt », *The New York Times*, 20 juillet 2008.
86. Citée par G. Morgenson, *art. cit.*
87. Voir Jacques Sapir, « How bad, how long ? A forecasting tale of the current crisis », document CEMI-EHESS, 2008.

88. Pour avoir un ordre de grandeur comparatif, signalons que le taux d'épargne des ménages français (en points de PIB toujours) est de 14,8 % en 2005…
89. Conférence de presse, New York Public Library, 22 juillet 2008.
90. Siège de Microsoft et de Boeing.
91. À l'inverse du taureau *(bull)* dont la symbolique de pacotille de la finance a fait le représentant du marché haussier, l'ours *(bear)* est celui du marché baissier. On parle de marché *bear*, ou *bearish*, lorsque les cours ont perdu plus de 20 % par rapport à leur plus haut précédent.
92. John Bogle, cité *in* Gretchen Morgenson, « A great divide : Main Street is bailing out Wall Street », *International Herald Tribune*, 21 juillet 2008.
93. Pour une synthèse des travaux de la Régulation, voir Robert Boyer, *La Théorie de la Régulation*, Repères, Paris, La Découverte, 2004.
94. Voir à ce sujet Frédéric Lordon, *Les Quadratures de la politique économique*, Paris, Albin Michel, 1997, et notamment le chapitre VI.
95. Mark Gilbert, « There's nothing sacrosanct about US AAA rating », *Bloomberg*, 17 juillet 2008.
96. Neil Irwin, « Economic challenges draw out divisions at Fed », *The Washington Post*, 24 juin 2008.
97. Nicolas Baverez, « Une économie plongée dans l'inconnu », *Le Monde*, 2 août 2008.
98. Patrick Artus et Marie-Paule Virard, *Le capitalisme est en train de s'autodétruire*, Paris, La Découverte, 2006, p. 136.
99. Jean Peyrelevade, *Le Capitalisme total*, La République des idées, Paris, Seuil, 2005.
100. Jean Peyrelevade, *Sarkozy : l'erreur historique*, Plon, 2008.
101. *Le Monde*, 17 août 2008.
102. *Lenouvelobs.com*, 13 août 2007.
103. Élie Cohen et Michel Kaptur, *Bulles, krachs et rebonds*, Arte-Cinétévé, 1er juillet 2008.
104. Professeur de finance à l'université Paris-Dauphine, sur France Inter le 12 septembre 2001 et dans une tribune au *Monde* le 21 septembre 2001.

TABLE DES MATIÈRES

DANS LA MÊME COLLECTION

– Pierre Bourdieu, *Sur la télévision,*
suivi de *L'Emprise du journalisme,* 1996

– Serge Halimi, *Les Nouveaux Chiens de garde* (1997),
nouvelle édition actualisée et augmentée, 2005

– Areser (Association de réflexion sur les enseignements supérieurs et la recherche), *Diagnostics et remèdes urgents pour une université en péril,* 1997

– Julien Duval, Christophe Gaubert, Frédéric Lebaron, Dominique Marchetti, Fabienne Pavis,
Le « Décembre » des intellectuels français, 1998

– Pierre Bourdieu, *Contre-feux. Propos pour servir à la résistance contre l'invasion néolibérale,* 1998

– Keith Dixon, *Les Évangélistes du marché,* 1998

– Jacques Bouveresse, *Prodiges et vertiges de l'analogie,* 1999

– Loïc Wacquant, *Les Prisons de la misère,* 1999

– Keith Dixon, *Un digne héritier,* 2000

– Frédéric Lordon, *Fonds de pension, piège à cons ? Mirage de la démocratie actionnariale,* 2000

– Laurent Cordonnier, *Pas de pitié pour les gueux. Sur les théories économiques du chômage,* 2000

– Pierre Bourdieu, *Contre-feux 2. Pour un mouvement social européen,* 2001

– Rick Fantasia et Kim Voss, *Des syndicats domestiqués. Répression patronale et résistance syndicale aux États-Unis,* 2003

– Frédéric Lordon, *Et la vertu sauvera le monde... Après la débâcle financière, le salut par l'« éthique » ?,* 2003

– Christian de Montlibert, *Savoir à vendre. L'enseignement supérieur et la recherche en danger,* 2004

- Pierre Tévanian, *Le Voile médiatique. Un faux débat: « l'affaire du foulard islamique »*, 2005
- Pierre Rimbert, Libération *de Sartre à Rothschild*, 2005
- Éric Hazan, *LQR. La Propagande du quotidien*, 2006
- Bernard Convert, *Les Impasses de la démocratisation scolaire*, 2006
- Tariq Ali, *Quelque chose de pourri au Royaume-Uni. Libéralisme et terrorisme*, 2006
- Marie Bénilde, *On achète bien les cerveaux. La publicité et les médias*, 2007
- Julien Duval, *Le Mythe du « trou de la Sécu »*, 2007
- Raoul-Marc Jennar et Laurence Kalafatidès, *L'AGCS. Quand les États abdiquent face aux multinationales*, 2007
- Hervé Do Alto et Pablo Stefanoni, *Nous serons des millions. Evo Morales et la gauche au pouvoir en Bolivie*, 2008
- Alexis Spire, *Accueillir ou reconduire. Enquête sur les guichets de l'immigration*, 2008

Achevé d'imprimer sur rotative
par l'imprimerie Darantiere à Dijon-Quetigny
en novembre 2008

Diffusion : Seuil
Dépôt légal : 4e trimestre 2008
N° d'impression : 28-1596

Imprimé en France